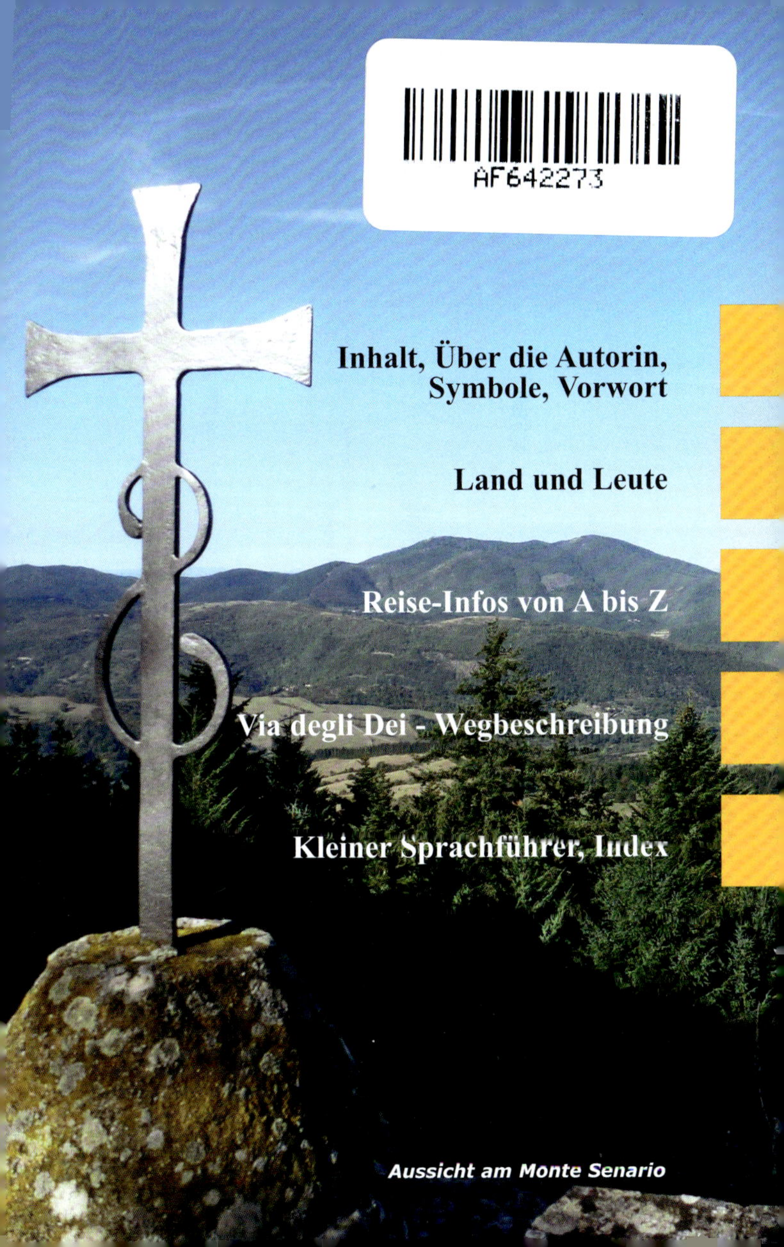

Aussicht am Monte Senario

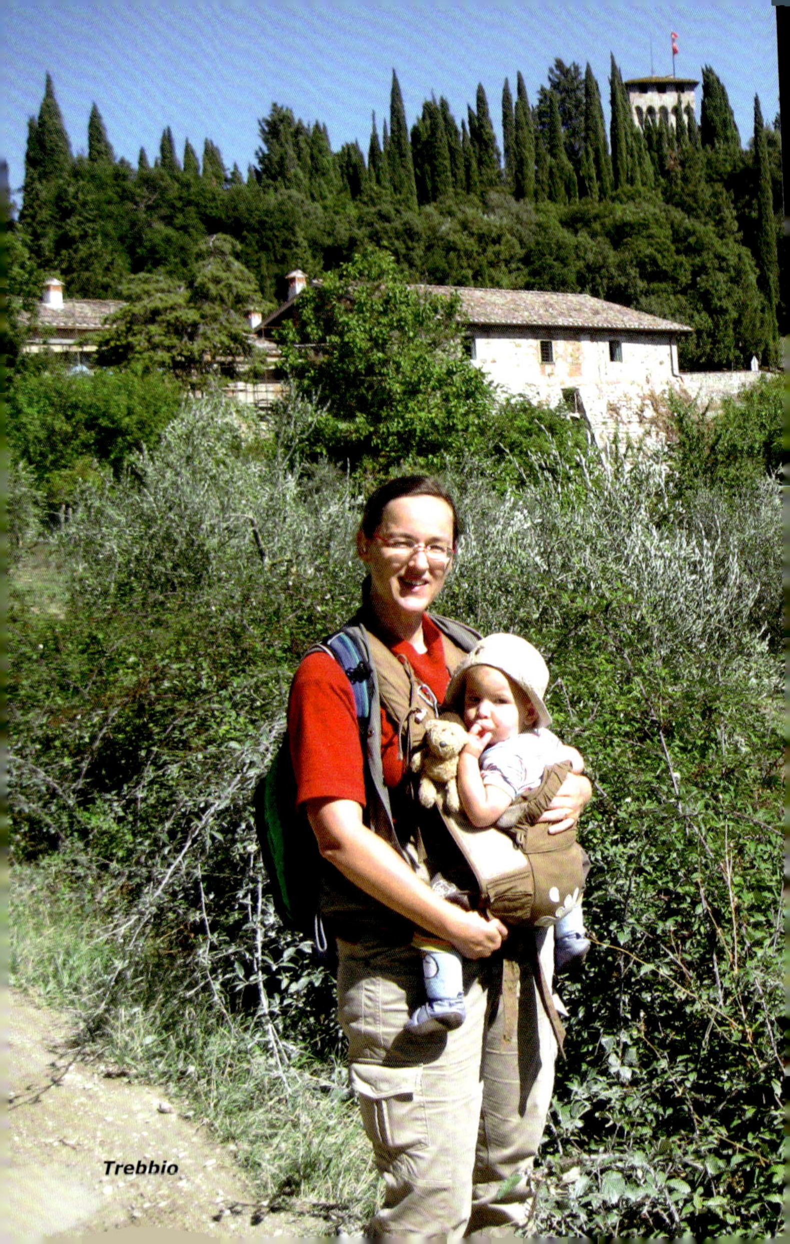
Trebbio

Band 91

OutdoorHandbuch

Ingrid Retterath

Italien: Trans-Apennin
Via degli Dei - Götterweg

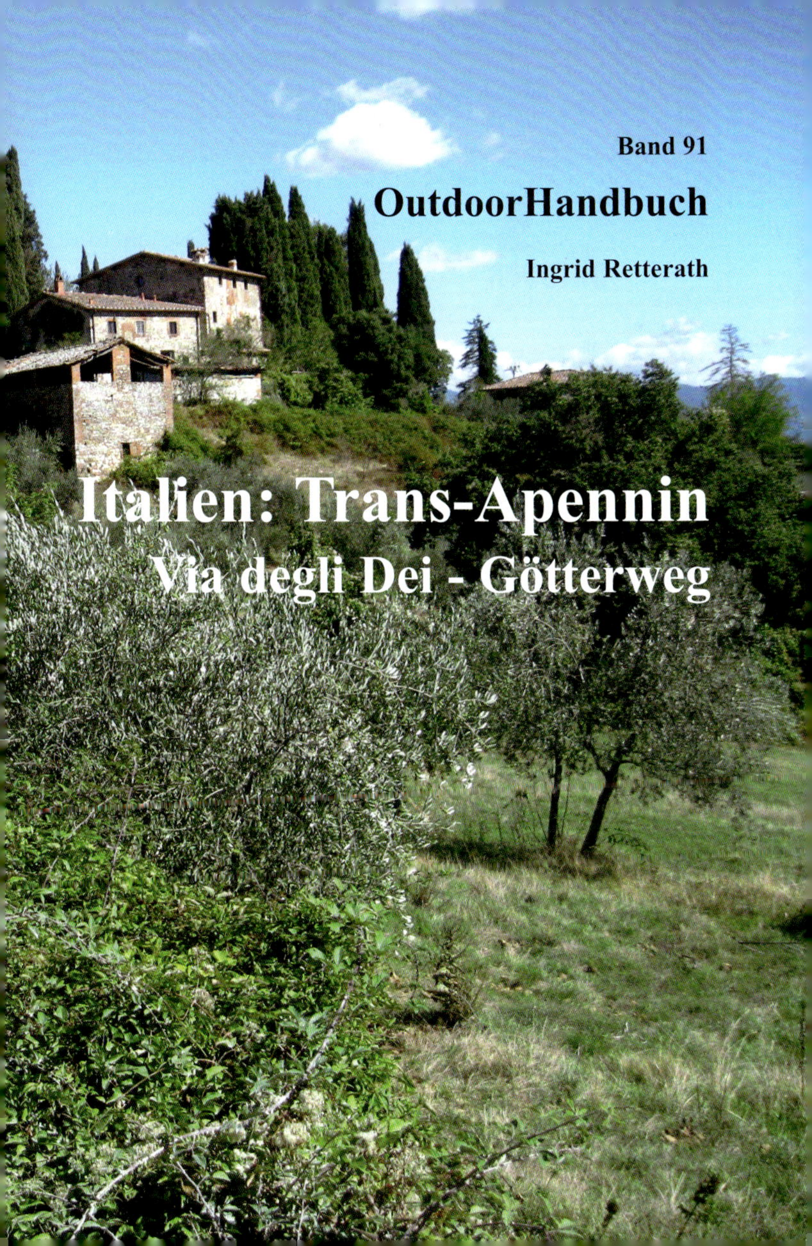

Italien: Trans-Apennin

die OUTDOOR Verlage

Mit uns nach draußen

Die Autorin und der Verlag sind für Lesertipps und Verbesserungen (besonders per E-Mail) unter Angabe der Auflagen- und Seitennummer dankbar.

Dieses OutdoorHandbuch hat 144 Seiten mit 41 farbigen Abbildungen sowie 10 farbigen Kartenskizzen, 7 farbigen Höhenprofilen und 2 farbigen Übersichtskarten. Es wurde auf chlorfrei gebleichtem Papier gedruckt, in Deutschland klimaneutral hergestellt und transportiert (die Zertifikatnummer finden Sie auf unserer Internetseite) und wegen der größeren Strapazierfähigkeit mit PUR-Kleber gebunden.

OutdoorHandbuch aus der Reihe „Der Weg ist das Ziel", Band 91

ISBN 978-3-86686-091-9 1. Auflage 2013

Dieses OutdoorHandbuch wurde konzipiert und redaktionell erstellt vom Conrad Stein Verlag GmbH, Postfach 1233, 59512 Welver, Kiefernstraße 6, 59514 Welver, ☏ 023 84/96 39 12, FAX 96 39 13, info@conrad-stein-verlag.de, www.conrad-stein-verlag.de

Werden Sie unser Fan: www.facebook.com/outdoorverlage

Unsere Bücher sind überall im wohl sortierten Buchhandel und in cleveren Outdoorshops in Deutschland, Österreich und der Schweiz erhältlich.
Auslieferung für den Buchhandel:

D	Prolit, Fernwald und alle Barsortimente
A	freytag & berndt, Wolkersdorf
CH	AVA-buch 2000, Affoltern und Schweizer Buchzentrum
I	Leimgruber A & Co. OHG/snc, Kaltern
BENELUX	Willems Adventure, LT Maasdijk
E	mapiberia f&b, Ávila

Text und Fotos: Ingrid Retterath
Karten: Heide Schwinn
Lektorat: Amrei Risse
Layout: Manuela Dastig
Gesamtherstellung: AZ Druck und Datentechnik GmbH, Kempten

Titelfoto: Weinberg auf dem Weg nach Trebbio

Inhalt

Outdoorliteratur und Umweltschutz

- was könnte besser zusammenpassen?
Wir vom Conrad Stein Verlag produzieren unsere Bücher so umweltschonend wie möglich.

Wir drucken klimaneutral!

Wir verwenden nicht nur umweltfreundliche Materialien, sondern arbeiten auch mit einer Druckerei zusammen, die sich für Klimaschutz engagiert.

Dass beim Druck klimaschädliches CO_2 entsteht, lässt sich leider nicht vermeiden. Dies versuchen wir aber auszugleichen, indem wir Klimaschutzprojekte unterstützen - z.B. den Bau von Wasserkraftwerken, die besonders wenig CO_2 produzieren. So werden die Treibhausgase, die beim Druck unserer Bücher entstehen, an anderer Stelle eingespart.

Auf unserer Homepage finden Sie für jedes Buch eine Climate-Partner-Zertifikatsnummer und einen Link zu der Seite www.climatepartner.com. Hier finden Sie weitere Informationen und können sehen, welche Umweltprojekte mit unseren Abgaben gefördert wurden.

Übrigens ...

... war der Conrad Stein Verlag der erste Buchverlag in Deutschland, der konsequent klimaneutral produzieren und transportieren ließ. Wir hoffen, dass uns viele andere Verlage auf diesem Weg folgen!

Über die Autorin

Die Juristin Ingrid Retterath verfasst seit 2000 in ihrer freien Zeit Pilger-, Wander- und Reiseführer zu europäischen und nordafrikanischen Zielen. Auf dem Götterweg war sie im Mai, Juni und September 2012 mit Mann, Baby und Hunden unterwegs.

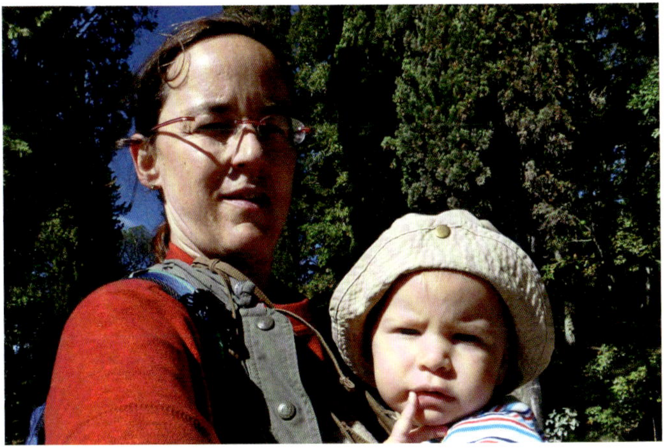

Für den Conrad Stein Verlag schrieb sie außerdem:

- ▷ Wales: Offa's Dyke Path
- ▷ Wales: Pembrokeshire Coast Path
- ▷ Deutschland: Soonwaldsteig
- ▷ Deutschland: Römerkanal-Wanderweg
- ▷ Deutschland: Eifelsteig
- ▷ Deutschland: Bonifatius-Route
- ▷ Donausteig von Passau durch Oberösterreich über Linz nach Grein
- ▷ Frankreich: Jakobsweg Trier - Le Puy
- ▷ Via Francigena von Lausanne nach Rom

Mehr verrät sie auf ihrer Homepage 💻 www.retterath.net.

Symbole und Abkürzungen

- Abstecher
- Abstieg
- Achtung, Vorsicht
- Apotheke
- Aufstieg
- Aussichtspunkt
- Bahn
- Bank/Sparkasse
- Buchtipp
- Bus
- Café, Cafeteria, Bistro
- Campingmöglichkeit
- Einkaufsmöglichkeit
- Entfernung vom Weg
- E-Mail
- Gepäcktransport
- Höhe über NN
- Hol- und Bring-Service
- Homepage
- Hotel, Pension
- Hunde erlaubt
- Information
- @ Internetcafé, -zugang
- Herberge, Jugendherberge, Hostel …
- Kirche, Kapelle, Kloster
- Krankenhaus
- Möglichkeit zum Teekochen/ Befüllen der Thermoskanne
- ⌘ Museum, Sehenswürdigkeit
- Notruf
- Öffnungszeiten
- Post
- Reiseproviant/Lunchpaket erhältlich
- Restaurant, Imbiss
- Schwimmbad
- Telefon
- FAX Telefax
- Tipp
- Trinkwasserbrunnen
- Verweis
- Waschsalon im Ort, Wäschewaschen vom Hotel angeboten

EZ	Einzelzimmer
DZ	Doppelzimmer
DBZ	Dreibettzimmer
VZ	Vierbettzimmer
MBZ	Mehrbettzimmer
Ü	Übernachtung
ÜF	Übernachtung mit Frühstück
HP	Übernachtung mit Frühstück und Abendbrot (Halbpension) pro Person

Vorwort

„Nur 130 km Wanderstrecke - genau das Richtige, um unsere Tochter und die Hunde an Fernwanderungen zu gewöhnen." Das dachte ich, als mir meine Verlegerin Marie-Luise Großelohmann den Götterweg zur Recherche anbot, und sagte sofort zu.

Am Ende stellte sich heraus, dass der Götterweg sogar nur gut 110 km lang ist. Diese 110 km waren dennoch kein Kinderspiel oder Hundespaziergang für uns. Die Strecke von Bologna nach Fiesole haben wir anstrengender und aufregender in Erinnerung als manch einen wesentlich längeren Fernwanderweg, den wir in Deutschland oder Großbritannien in den Jahren davor gelaufen sind. Das lag nicht nur an dem Baby, das wir zusätzlich zu unserem normalen Gepäck tragen mussten, sondern vor allem an der sehr abwechslungsreichen und körperlich fordernden Wegführung. Kaum fußbreite Pfade durch das Unterholz wechseln sich mit steilen Gebirgswegen ab, breite Schotterpisten mit weiten Fernblicken sind ebenso vertreten. Wir trafen unterwegs sogar eine vierköpfige Wandergruppe, die diese Strecke zur Vorbereitung auf eine Trekkingtour im Himalaja lief. Als Trekkingroute mag ich den Götterweg dennoch nicht bezeichnen, eher als anspruchsvolle Gebirgswanderung.

In den scheinbar einsamsten Ecken des Apennin verläuft dieser Wanderweg durch nur wenige Ortschaften und Weiler, er streift Kirchen und Klöster. Naturerlebnis und Ruhe sind daher die Eindrücke, die meine Erinnerung an die Wandertage auf dem Götterweg dominieren. Die beiden großen Kulturstädte am Anfang und Ende der Wanderstrecke bilden dazu einen deutlichen Gegenpol. Man kann also sagen, dass der Götterweg für jeden etwas zu bieten hat, der sich für Natur und Kultur begeistern kann.

Wir jedenfalls haben das Wandern auf dem Götterweg genossen: Mein Mann Armin und ich konnten endlich wieder tagelang gemeinsam an frischer Luft fernab von Industrie- und Autoabgasen wandern, unsere Tochter genoss das beständige Schaukeln in der Bauchtrage und das Krabbeln auf weichem Waldboden, die beiden Hunde konnten den ganzen Tag durch die Wälder und Felder laufen, im Reno schwimmen und aus gefüllten Bächen saufen.

Dieses Buch gibt Ihnen eine Hilfestellung bei der Planung und Durchführung Ihrer Trans-Apennin-Wanderung. Grundsätzlich Wissenswertes finden Sie in gewohnter Stein-Verlag-Manier in den vorangestellten allgemeinen Abschnitten, konkrete Angaben zu Unterkünften, Sehenswürdigkeiten usw. in den Beschreibungen der Einzeletappen.

Ich wünsche Ihnen göttliche Erholung, blasenfreies Laufen und viele nette Begegnungen.

Ingrid Retterath.

Danke

sage ich an dieser Stelle allen, die mich beim Erstellen dieses Buches unterstützt haben. Das gilt speziell für Aurelia Retterath und Armin Hofmann, die mich bei meinen Recherchetouren begleiteten, und für Gerda Retterath, die mich beim Recherchieren und Schreiben auf vielfältige Weise unterstützte. Ein großes Lob auch an unsere Neufundländer Maxim und Bathida, die selbst auf den heißesten, steilsten Etappen nicht aufgaben und guter Laune weitertrabten.

Ganz lieben Dank auch an Silke Sohler, Stephan und Melanie Bonnen für ihre netten Hinweise und Nachforschungen.

Herzlichen Dank sage ich auch den Damen und Herren in den örtlichen Touristeninformationen für ihre Beratung und Unterstützung, besonders den Kollegen in Sasso Marconi. Dank und Grüße auch an die vielen netten, mir namentlich nicht bekannten Einheimischen, die mich bei meinen Recherchewanderungen mit einem freundlichen Lächeln, ein paar aufmunternden Worten oder konkreten Wegbeschreibungen unterstützten.

Bitte

schreiben Sie mir, wenn Ihnen Fehler, Änderungen und Lücken auffallen. Informationen in Reiseführern sind unweigerlich Veränderungen unterworfen: Ein Hotel ändert seine Preise, ein neues B&B wird eröffnet, ein Museum ändert seine Öffnungszeiten, eine Busverbindung wird eingestellt, ein vormals gut zu laufender Weg wird Opfer von Wind und Erdrutsch ... Allen Leserzuschriften werde ich nachgehen und sie bei der Folgeauflage berücksichtigen.

Land und Leute

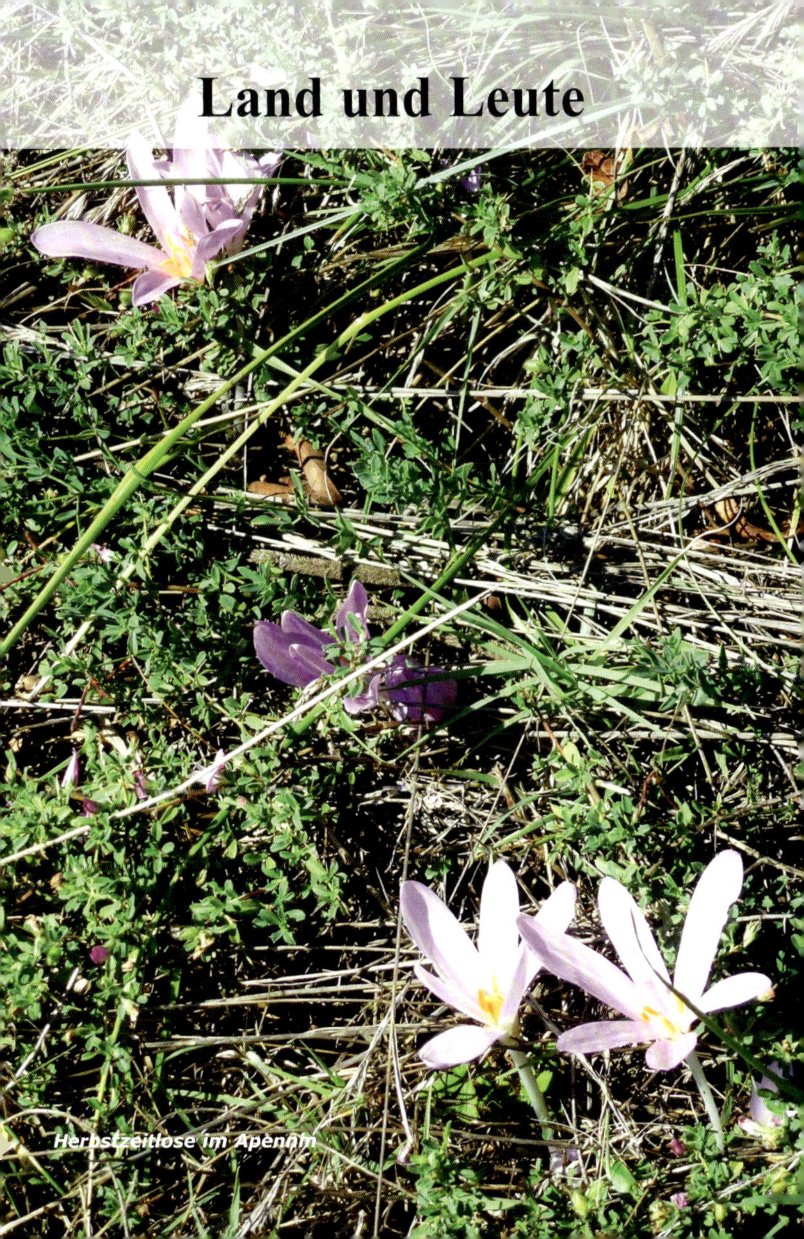

Herbstzeitlose im Apennin

„Die Apenninen sind wirklich nicht so schön, wie ich mir eingebildet hatte; denn bei dem Namen dachte ich mir immer ein bewachsenes, malerisches Waldgebirge, aber es sind lauter lange fortlaufende Hügel, traurig weiß und kahl, - das wenige Grün gar nicht erfreulich; an Wohnhäusern fehlt es; gar keine lustigen Bäche und Gewässer; nur hie und da mal ein breites ausgetrocknetes Strombette mit einer kleinen Wasserrinne, und dazu diese schändlichen Spitzbuben von Bewohnern." So schreibt Felix Mendelssohn Bartoldy am 24. Oktober 1830 in seinen Reisebriefen.

Zum Glück hat sich in den letzten zwei Jahrhunderten viel getan im Apennin: Die Hügel sind nicht weiß, sondern grün. Auf Bäche und Gewässer werden Sie immer wieder stoßen. Und schändlichen Spitzbuben sind wir bei beiden Recherchetouren auf dem Götterweg nicht begegnet. (Wohl aber berichteten andere Reisende nach einem Tag in Florenz von Halsabschneidern, Wucherern, Taschendieben und anderen Spitzbuben. Sie scheinen also vom Gebirge ins Tal umgezogen zu sein ☺)

Nun aber im Detail: Der Götterweg verbindet die Hauptstadt der italienischen Provinz Emilia Romagna mit der Hauptstadt der Nachbarprovinz Toskana. Zwischen dem Startpunkt in der oberitalienischen Poebene (50 m) und dem Arnobecken (50-100 m) liegt der Apennin. Dieser etwa 1.500 km lange Gebirgszug durchzieht fast den gesamten italienischen Stiefel, sodass es gerechtfertigt ist, die italienische Halbinsel Apenninhalbinsel zu nennen. Der Apennin ist geologisch die südöstliche Verlängerung der Alpen. In den Seealpen gehen die Ligurischen Alpen am Pass Colle di Cadibona bei Savona in den Ligurischen Apennin über. Der Apennin zieht sich bis Süditalien und durch Kalabrien, die italienische Stiefelspitze, bis nach Nordsizilien. Die Entstehungsgeschichte der beiden Gebirgszüge Alpen und Apennin ist gleich, sie falteten sich beim Anprall der afrikanischen gegen die eurasische Platte auf.

Der Apennin bildet die Hauptwasserscheide Italiens zwischen dem Po und einigen kleineren Flüssen, die nach Osten in die Adria entwässern, und den zahlreichen Flüssen, die nach Südwesten in das Tyrrhenische Meer münden. Höchster Punkt des Apennin ist der Gran Sasso d'Italia (2.912 m) in den mittelitalienischen Abruzzen. Der Götterweg verläuft durch den Etruskischen Apennin, der auch toskanischer Apennin oder toskanisch-emiglianischer

Apennin genannt wird. Die höchste Erhebung dieses Teilgebirges ist der Monte Cimone (2.165 m) etwa 70 km westlich des Götterweges.

Größter menschlicher Eingriff in das Gebirge dürfte der Bau des 18,5 km langen Apennin-Basistunnels gewesen sein, durch den seit 1934 die Bahnstrecke von Bologna nach Florenz verläuft.

Unterwegs werden Sie höchst unterschiedlichen Einheimischen begegnen. Am Start in Bologna wird man Sie auf der Straße ignorieren. Reisende werden dort nach unserer Erfahrung mit höflicher Gleichgültigkeit behandelt. Sobald Sie sich aber mit einer Frage oder Bitte an einen Einheimischen wenden, wird dieser Ihnen gerne weiterhelfen.

Das kann Ihnen am Ziel nicht passieren. Schon die wenigen Restaurants im Zentrum von Fiesole buhlen heftig um Gäste, die Bedienungen sind dazu angehalten, jeden Passanten anzusprechen und an einen ihrer Tische zu locken. In den Geschäften, Museen, Kirchen und Beherbergungsbetrieben tritt man Ihnen mit einer von uns als kalt bzw. unecht empfundenen Professionalität entgegen, die nur noch von der Aufdringlichkeit der Straßenhändler und Kellner im benachbarten Florenz übertroffen wird. Dort werden Sie keine Einheimischen entdecken. Ich schätze, dass diese tagsüber vor den tsunamiartigen Touristenwellen fliehen.

Wohl am angenehmsten werden Sie voraussichtlich den Umgang mit den Bewohnern des Apennin abseits der großen Städte empfinden. Die Bergregion ist dünn besiedelt, man kennt sich. Ein Fremder wird sofort erkannt und zumindest mit einem Lächeln nebst Kopfnicken bedacht. Lächelt man zurück, suchen die Einheimischen gerne ein Gespräch. Natürlich kommen zuerst die Fragen nach dem Woher und dem Wohin, dann gibt es oft gute Tipps und Hilfsangebote. Der Kellner in der Osteria fragt, ob man schon eine Unterkunft hat. Der Anwohner bietet spontan Wasser für die Hunde an. Der Vermieter empfiehlt ein Restaurant. Der zufällig vorbeigehende Passant weist auf einen offen stehenden Rucksack-Reißverschluss hin. Von innen wird an die Scheibe einer über Mittag geschlossenen Pizzeria geklopft, um darauf hinzuweisen, dass wir uns mit unserem Picknick gerne auf ihre Stühle setzen dürfen.

Sogar vor dem Verlaufen wurden wir einmal unaufgefordert bewahrt: Wir liefen in Bivigliano auf einer Straße, von der wir vermuteten, dass sie zum Hotel führt. Zwei Frauen kamen uns entgegen und schimpften vermeintlich auf uns ein. Erst als sie merkten, dass wir diesen schnellen italienischen Wortschwall nicht verstanden, erklärte die eine Frau ganz langsam, dass wir ja die erwarteten Hotelgäste seien und das Hotel genau in Gegenrichtung erreichen würden. Wir waren wohl an diesem Tag die einzigen Wanderer, die in diesem Dorf erwartet wurden!

Flora und Fauna

In der Poebene und den niedrigeren Lagen des emilianischen Apennin mit ihrem kontinentalen Klima ist ein immergrüner Mischbewuchs anzutreffen.

Die höheren Lagen des Apennin sind geprägt von Mischwald, in dem Eichen-, Buchen- und Nadelwald dominiert. Im Eichenwald sind neben Eichen, Ahorn, Esche und anderen Laubbäumen auch Esskastanien zu finden, die schon seit Jahrhunderten den Speiseplan der Einheimischen bereichern. Noch heute sind vielerorts ganze Kastanienhaine anzutreffen. In den höheren Lagen können Sie je nach Jahreszeit seltene Pflanzen und Alpenblumen finden. Typisch sind Lilie, Anemone, Alpenaster, Enzian, Zweiblättriger Blaustern, Orchidee, weißer Affodill und Herbstzeitlose.

An den Südhängen des toskanischen Apennin überwiegt mediterrane Vegetation, also die in unserer Vorstellung typisch toskanischen Zypressen, Oliven und Pinien. Im Frühjahr ist besonders der toskanische Teil der Strecke herrlich gelb von den vielen Ginsterbüschen.

Unterwegs werden Sie auch einigen Tieren begegnen. Die größten einheimischen Wildtiere sind Wildschwein, Rothirsch und Reh. Es soll wohl inzwischen auch wieder Luchse, Wölfe und Adler in der Region geben, es ist aber eher unwahrscheinlich, diese zu Gesicht zu bekommen, denn sie meiden die menschliche Nähe. Der Bestand an Füchsen, Mardern, Dachsen, Iltissen und Murmeltieren ist groß genug, um in einem glücklichen Moment in einer abgelegenen Passage ein Exemplar beobachten zu können. Neben einer Vielzahl von kleineren Vogelarten vom gewöhnlichen Spatz bis zur seltenen Goldamsel werden Sie den Mäusebussard und den Wanderfalken bei der Jagd beobachten können. Der Grünspecht ist seltener zu sehen als die Spuren seines Trommelns. Wer im Frühjahr unterwegs ist, wird sich über seinen Reviergesang „klü-klü-klü-klügg" amüsieren.

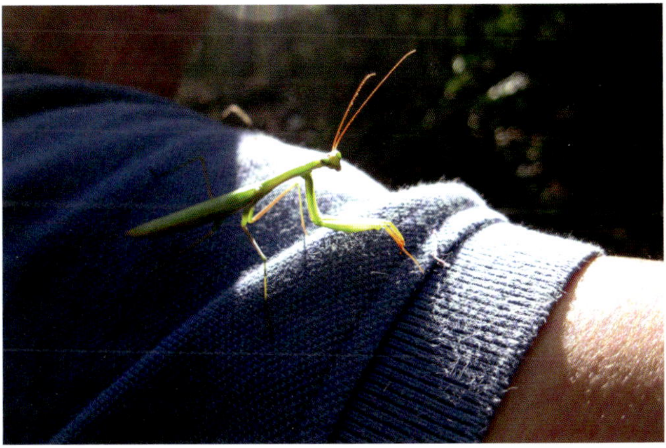

Dieser „Hüpfer" mag lieber getragen werden.

Menschen mit Aversionen gegen **Amphibien** werden sich auf einige Begegnungen mit den - allerdings meist harmlosen - Vertretern dieser Spezies einstellen müssen. Feuersalamander, andere Eidechsen, Nattern und Vipern fühlen sich wegen der zunehmenden Landflucht der Bevölkerung im Apennin immer wohler. Die weitverbreiteten gelbgrünen Zornnattern werden 120-200 cm lang, sind aber trotz ihres gruseligen Namens nicht giftig und für den Menschen ungefährlich. Gleiches gilt für die schlanken Ringelnattern, die 70-110 cm lang werden und am Hinterkopf zwei auffällige gelborange Punkte haben.

Unangenehm sind die Mücken und andere **Insekten**, die sich im feuchten Renotal besonders im Juni und in der Dämmerung auf die Wanderer stürzen.

Die einzigen gefährlichen Tiere bei Ihrer Wanderung sind die **Aspisvipern**. Diese 60-90 cm langen Schlangen haben eine hellere Grundfarbe (orange, rotbraun, graugelb, grau) und eine Reihe von schwarzen Balken vom Nacken bis zur Schwanzspitze, die auf beiden Körperseiten versetzt sein können. Sie halten Winterruhe bis April/Mai und sind dann tagaktive Lauerjäger. Sie sind äußerst schreckhaft und wehren sich durch einen schnellen Biss, wenn sie sich in die Enge getrieben und bedroht fühlen. Es ist daher anzuraten, sich an sonnenverwöhnten Stellen im felsigen Gelände und in dichtem Unterholz bei einer Pause nicht einfach hinzusetzen, sondern die Tiere durch lautes Sprechen und andere Geräusche rechtzeitig auf sich aufmerksam zu machen. Dann werden Ihnen die scheuen Tiere schnell aus dem Weg gehen. Als weitere Vorsichtsmaßnahmen tragen Sie bitte überknöchelhohe Wanderstiefel und lange Hosen und vermeiden plötzliche Griffe ins Gestrüpp. Im unwahrscheinlichen Fall eines Bisses ist ein schnelles, umsichtiges und ruhiges Handeln erforderlich. Erste Handlung sollte sein, sich genau zu merken, wie die Schlange aussah, bevor sie flüchtet, am besten mit Foto. Dann setzen Sie den Notruf ab und handeln im weiteren Verlauf genau nach Anweisung der Rettungsleitstelle. Egal, ob Ihnen zum Anlegen einer Stauung, Aussaugen, Aufschneiden der Bissstelle oder Warten auf den Rettungsdienst geraten wird, eins gilt immer: Bewegen Sie den betroffenen Körperteil so wenig wie möglich, damit möglichst wenig Gift in den Kreislauf gelangen kann. Also immer Ruhe bewahren, auch wenn es schwer fällt. Selbst wenn kein Arzt erreichbar ist, führt ein Vipernbiss nur im ungünstigsten Fall (Vorerkrankung, Allergie, Kleinkind ...) zum Tod.

Besonders in Erinnerung geblieben ist mir, wie wenig Müll am Wegesrand des Götterweges lag. Die meisten Italiener mögen ihre Umwelt, sind bekennende Mülltrenner und nehmen die beim Wandern entstandenen Abfälle wie selbstverständlich mit nach Hause oder bis zum nächsten öffentlichen Mülleimer.

Die italienischen Götterwege

Die Italiener stehen den Göttern wohl sehr nah, denn es gibt dort gleich zwei Götterwege. Der Sentiero degli Dei ist eine Halbtageswanderung in Kampanien südlich von Neapel. Der Trekkingweg führt mit 750 Höhenmetern an der Amalfi-Küste mit Aussicht auf Capri auf etwa 500 m Höhe durch die Klippen.

Wir sprechen hier aber nicht vom **Sentiero** degli Dei, sondern von der **Via** degli Dei, dem Trans-Apennin-Götterweg von Bologna nach Fiesole bei Florenz. Dieser Weg eröffnet nicht so spektakuläre Aussichten aufs Meer hinaus, bietet dafür aber viel längeren Wandergenuss durch ebenso reizvolle Landschaften von der quirligen Kunst- und Studentenstadt Bologna zu der antiken Stadt Fiesole mit Ausblick auf die Kunstmetropole Florenz.

Exkurs: Goethe im Apennin

In jedem Buch über den Götterweg finden Sie das berühmte Zitat aus Goethes „Italienischer Reise": „Die Apenninen sind mir ein merkwürdiges Stück Welt. Auf die große Fläche der Regionen des Pos folgt ein Gebirge, das sich aus der Tiefe erhebt, um zwischen zwei Meeren südwärts das feste Land zu endigen. Wäre die Gebirgsart nicht zu steil, zu hoch über der Meeresfläche, nicht so sonderbar verschlungen, dass Ebbe und Flut vor alten Zeiten mehr und länger hätten hereinwirken, größere Flächen bilden und überspülen können, so wäre es eins der schönsten Länder in dem herrlichsten Klima, etwas höher als das andere Land. So aber ist's ein seltsam Gewebe von Bergrücken gegeneinander; oft sieht man gar nicht ab, wohin das Wasser seinen Ablauf nehmen will. Wären die Täler besser ausgefüllt, die Flächen mehr glatt und überspült, so könnte man das Land mit Böhmen vergleichen, nur dass die Berge auf alle Weise einen andern Charakter haben. Doch muss man sich keine Bergwüste, sondern ein meist bebautes, obgleich gebirgiges Land vorstellen. Kastanien kommen hier sehr schön, der Weizen ist trefflich und die Saat schon hübsch grün. Immergrüne Eichen mit kleinen Blättern stehen am Weg, um die Kirchen und Kapellen aber schlanke Zypressen." (22. Oktober 1786)

Diese Worte werden oft verkürzt zitiert, mitunter auf den ersten Satz beschnitten. Mitunter heißt es auch, selbst Goethe sei begeistert vom Apennin gewesen, weil er einen Absatz vorher schrieb: „... Apennin, wo ich mich recht glücklich fühle." Das bezog sich aber nur auf das Örtchen Giredo, nicht auf den gesamten Apennin. Drei Tage später notiert er in sein Tagebuch: „Die Herbergen waren so schlecht, dass an kein Auslegen eines Blattes zu denken war." Unterm Strich war er aus meiner Sicht also im Apennin nicht sehr glücklich.

Unterwegs auf dem Götterweg

Via degli Dei - Weg der Götter. Wer nun hinter dem Namen des Wanderweges eine romantische, abenteuerliche oder sonst wie sagenhafte Geschichte vermutet, wird bitter enttäuscht. Der klangvolle Name wurde einfach gewählt, weil der Götterweg in seinem mittleren Teil über die Berge Monte Adone und Monte Venere sowie durch die Ortschaft Monzuno geführt wird. Wenn auf solch engem Raum gleich drei griechisch-römische Götter auftauchen - Adonis, Venus und Juno -, muss dem dort verlaufenden Weg wohl auch etwas Göttliches anhaften. So mögen die Wandersleut gedacht haben, die den Verlauf des Götterweges festlegten. Und mit etwas Wohlwollen kommt noch ein vierter Gott hinzu: Immerhin liegt der Beginn der Wanderung in Bologna nur wenige Schritte vom Neptunbrunnen entfernt.

Auch wenn Ihnen unterwegs keine antiken Götter begegnen werden, wird Sie die Antike selbst nicht loslassen. Überall sind gut erhaltene Reste der Römerstraße Via Flaminia zu finden. Diese Fernstraße aus dem Jahr 220 v.Chr. geht auf den römischen Konsul Flaminius zurück und bildet im Wesentlichen den roten Faden für den Verlauf des Götterweges.

Eine zweite Erklärung für den Namen des Götterweges bietet die geschichtlich erwiesene Tatsache, dass die Via Flaminia zu allen Zeiten von Pilgern genutzt wurde, die aus der Poebene den Apennin überwinden mussten, um danach ihr Pilgerziel in Rom oder gar Jerusalem erreichen zu können.

In den 1990er-Jahren holte eine kulinarisch orientierte Gruppe des italienischen Alpenvereins den Götterweg wieder aus seinem Dornröschenschlaf. Unter dem Motto „Du pas e 'na gran magne“ (= Zwei Schritte und ein großes Mahl) wurde die Wegführung bewusst an guten Einkehrmöglichkeiten entlanggeführt. Dabei sollte auch das Wandern ein Genuss sein. Das Essen unterwegs haben wir durchweg in sehr guter Erinnerung. An der Wegführung kann sicherlich hier und da noch etwas gefeilt werden. Die Landschaft ist wirklich traumhaft, aber die unangenehm zu laufenden Abschnitte auf Teer und im Matsch könnten für meinen Geschmack noch minimiert werden.

Insgesamt ist der Götterweg aber ein abwechslungsreicher und in Erinnerung bleibender Weg für eine Fernwanderung von etwa einer Woche. Wir trafen unterwegs neben einheimischen Wanderern auch Finnen, Briten, Niederländer, Österreicher und Deutsche, die gut gelaunt auf der Via degli Dei unterwegs waren.

Reise-Infos von A bis Z

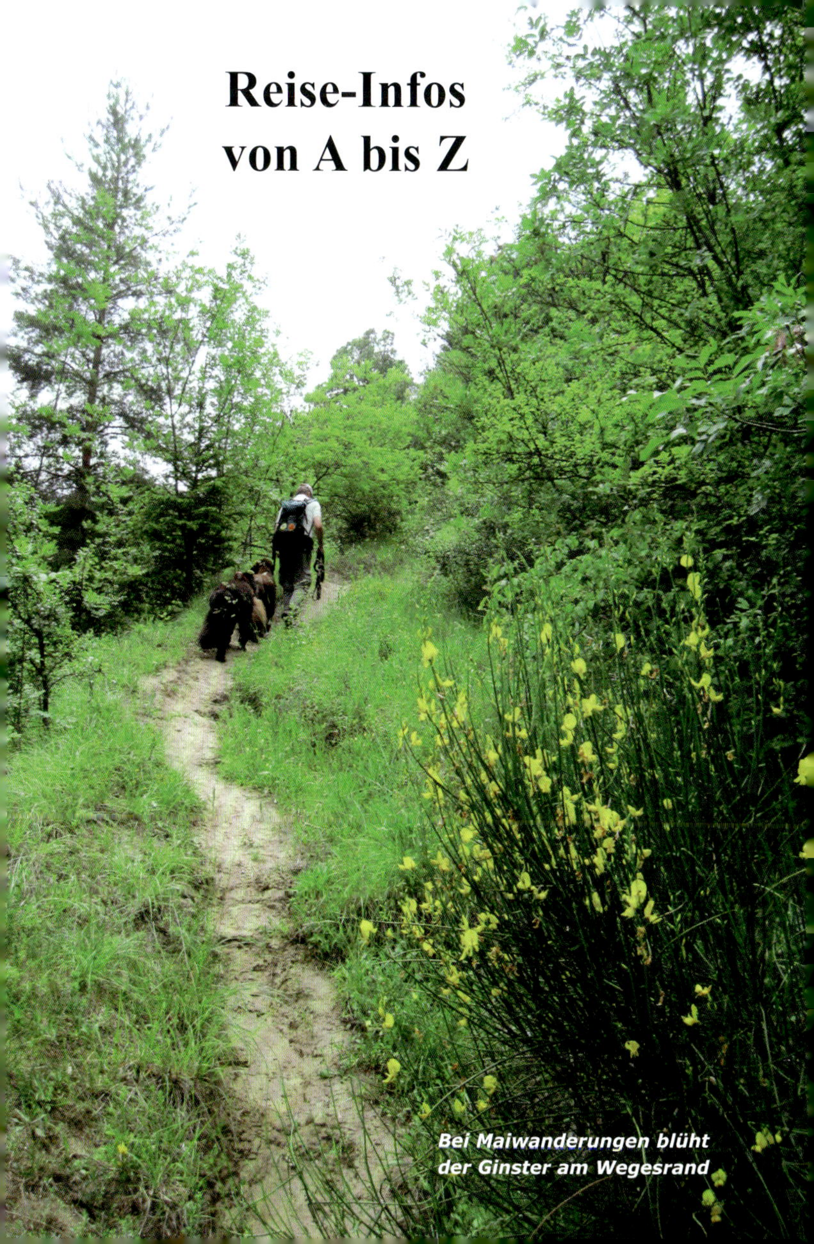

Bei Maiwanderungen blüht der Ginster am Wegesrand

Anreise

mit dem Auto/Motorrad

Unmittelbar nördlich von Bologna treffen die Autobahn A1 (Mailand - Neapel), die A13 (Padua - Bologna) und die A14 (Bologna - Bari) aufeinander.

Aus dem Westen Deutschlands und der Schweiz kommend werden Sie also durch den Gotthard-Tunnel oder über den Gotthard-Pass auf der Autobahn 2 (E35) bis zur italienischen Grenze fahren, dort bei Como die A9 (E35) nehmen und bei Mailand auf die A50 (E35) und später auf die A1 (E45) wechseln. An Autobahngebühren sind für diese Strecke im Pkw etwa € 14,80 fällig.

Aus dem Osten Deutschlands und Österreich wird es eher die Strecke über Padua sein: Von der östereichisch-italienischen Landesgrenze hinter Villach geht es über die A23 (E55) bis Palmanova, von dort führt die A4 (E55/E70) an Venedig vorbei nach Padua und zur A13, die Sie zum Startpunkt bringt. Hierfür müssen etwa € 22,30 Autobahnmaut eingeplant werden.

Das Fahrzeug einfach irgendwo in Bologna abzustellen und loszuwandern, kann nicht empfohlen werden. Vielleicht gibt es ja die Möglichkeit, es für die Dauer der Wanderung auf dem Hotelparkplatz stehen zu lassen.

Das Parken ist durch verschiedenfarbige Bordsteinkanten geregelt:

- weiß: hier kann gratis geparkt werden
- grün: zeitlich begrenztes Parkverbot (Zeiten auf Zusatzschild)
- blau: gebührenpflichtiges Parken (meist mit Automaten)
- schwarz-gelb: Parkverbot
- gelb: reserviert für besondere Fahrzeuge wie Taxis, Busse ... (laut Zusatzschild)

Halten Sie sich in Italien noch genauer an die Verkehrsregeln als zu Hause, denn die Bußgelder und Fahrverbote fallen deutlich höher und härter aus. Innerorts gilt eine Geschwindigkeitsbeschränkung auf 50 km/h, außerorts 90 km/h, auf Schnellstraßen 110 km/h, auf Autobahnen 130 km/h (mitunter mit besonderem Erlaubnisschild 150 km/h). Bei Regen oder Schnee muss stets 20 km/h langsamer gefahren werden. Auch Pkw müssen tagsüber außerorts mit Abblendlicht fahren. Die Promillegrenze liegt bei 0,5 Promille. Es besteht Anschnallpflicht für alle Fahrer und Mitfahrer. Während der Fahrt dürfen Mobiltelefone nicht verwendet werden. Vor und auf Bahnübergängen darf nicht überholt werden. Wer außerhalb geschlossener Ortschaften das Fahrzeug verlässt und sich auf der Fahrbahn aufhält, muss eine Warnweste tragen.

Das Rückwärtsfahren an Mautstellen ist verboten. Wenn Sie sich falsch eingeordnet haben, bleiben Sie in der Schlange und drücken Sie den Rufknopf.

mit dem Flugzeug

Die Anreise per Flugzeug ist durch die Billigflieger eine echte Alternative geworden. Aber auch die anderen Fluggesellschaften machen bei frühzeitiger Buchung lukrative Angebote. Einen Überblick über die Flugpreise bekommen Sie bei jedem Online-Billigflug-Vergleichsportal und im Reisebüro. Günstig für den Götterweg liegen die Regionalflughäfen Bologna und Florenz. Vor einer vorschnellen Buchung sollten Sie aber auch die Kosten für Bahn, Bus oder Taxi von Ihrem Flughafen zum Startpunkt und vom Zielpunkt zum Flughafen in die Kalkulation einbeziehen. Vom Flughafen von Bologna in die Stadt müssen Sie für ein Taxi € 15 bis 20 einplanen, für die Busfahrt € 6. Ein Taxi von Florenz zum Flughafen kostet pauschal € 20, der Preis für den Bus liegt bei € 6. Ab Fiesole kostet ein Taxi € 40.

Bologna wird von Berlin/Tegel (Lufthansa), Düsseldorf (Lufthansa), Düsseldorf/Weeze (Ryanair), Frankfurt (Lufthansa), Frankfurt/Hahn (Ryanair), Köln/Bonn (Germanwings) und Wien (Austrian Airlines) direkt angeflogen.

www.bologna-airport.it

Von **Florenz** kommen Sie ohne Umsteigen zurück nach Amsterdam (Alitalia), Düsseldorf (Air Berlin), Frankfurt (Lufthansa), Wien (Austrian Airlines) und Zürich (Swiss).

www.aeroporto.firenze.it

zu Fuß

Wer genug Zeit und Kondition hat, kann auch zu Fuß anreisen. Die von einigen Pilgern liebevoll Tagliatelle-Weg genannte Teilstrecke des Pilgerweges von München nach Assisi bzw. Rom führt von Verona etwa 150 km quer durch die Poebene nach Bologna, immer herrlich flach am Wasser entlang. Andere Rompilger wandern gut 500 km von Triest über Venedig, Padua und Ferrara nach Bologna. Beide Wege sind allerdings unmarkiert.

mit der Bahn

Bologna und Florenz sind durch das Schienennetz mit zahlreichen Städten Europas verbunden, direkt oder mit nur wenigen Umsteigevorgängen. Mit der nötigen Geduld bei der Recherche in den diversen Sondertarifen der Bahn lässt sich oft eine günstige Verbindung herausfinden. Wer sich früh entscheidet oder in der Kleingruppe unterwegs ist, ist preiswerter unterwegs als Einzelreisende, die das Ticket erst am Schalter kaufen. Ein solches Einzelticket kostet z.B. für die Strecke Köln-Bologna gut € 200, zurück ab Florenz etwa € 230. Innerhalb von Italien reist es sich halbwegs preiswert. Von Florenz nach Bologna zahlen Sie für ein Basisticket € 24, für ein Economy-Ticket € 15.

mit dem Bus

Für die Anreise kommt außerdem immer noch der gute alte Fernbus in Frage. Das ist etwas anstrengender als die Anreise mit Bahn oder Flugzeug, aber oft auch preiswerter. Die eben genannte Beispielstrecke Köln-Bologna kann bei Eurolines ab € 101 gebucht werden, der Rückweg wird ganze € 3 teurer (ab € 104). Durch offen ausgestellte Rückfahrkarten haben Sie bei einigen Gesellschaften die Möglichkeit, die Rückreise flexibler zu gestalten.

Warten auf den Anschlussbus

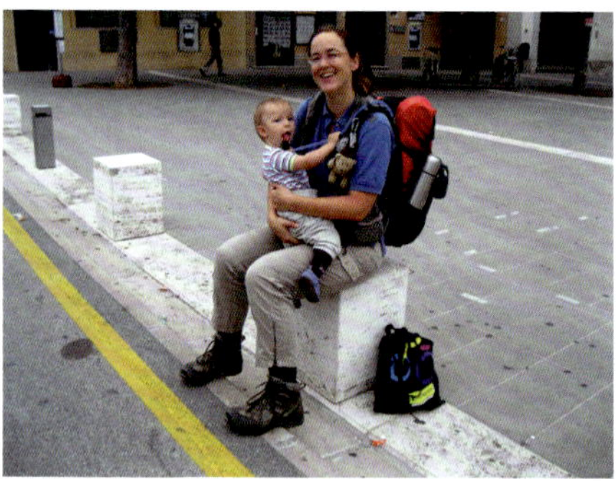

- **Deutsche Touring GmbH** (Eurolines), Am Römerhof 17, 60486 Frankfurt am Main, ☎ 069/790 35 01, FAX 069/790 32 19, www.deutsche-touring.com, service@touring.de

- **Blaguss Reisen GmbH**, Richard-Strauss-Straße 32, 1230 Wien, ☏ 01/610 90-0, 💻 www.eurolines.at, ✉ info@eurolines.at
- **Eurolines Schweiz**, Eggmann & Frey, Hauptstraße 66, 4112 Bättwill, 💻 www.eurolines-schweiz.ch, ✉ mailbox@eurolines-schweiz.ch
- **Eurolines Italia**, Via Mercadante 2/b, Firenze, ☏ 199/18 46 16 + 055/35 71 10, 💻 www.eurolines.it

Ausrüstung

Vorab mein Herzensanliegen: Sparen Sie am Gewicht Ihres Gepäcks, nicht an der Qualität der Ausrüstung. An einem billigen Rucksack oder schlecht sitzenden Schuhen kann die gesamte Wanderung scheitern. Ich spreche aus Erfahrung, denn es gab mehr als eine Recherchewanderung, bei der aus diesem Grund ein motivierter, aber schlecht ausgerüsteter Mitwanderer die Tour früher als geplant abbrechen musste.

Im Apennin ist stets mit Regen zu rechnen. Imprägnieren Sie Rucksack, Schuhe und Jacke. Vielleicht nehmen Sie auch zusätzlich eine Regenschutzhülle für den Rucksack mit, wenn Sie keinen Regenponcho haben, der auch Platz für den Rucksack bietet. Sachen, die nicht nass werden dürfen, sind gut in einem kleinen Plastikbeutel aufgehoben.

Achten Sie darauf, den Rucksack möglichst leicht zu halten. Das gilt besonders für diejenigen, die zelten wollen. Verstauen Sie beim Packen schwere Sachen nah am Körper. Ihr Rücken wird es Ihnen danken. Gegenstände, die häufig gebraucht werden, passen in die Außentaschen oder direkt unter die Deckelklappe. Unbedingt zu Hause Probe packen, auswiegen (sogar bei Unterwäsche gibt es verblüffende Gewichtsunterschiede), auf eine Trainingswanderung mitnehmen und gnadenlos ausmisten. 10 kg sollten die Obergrenze für den Rucksack sein, die Tagesration Essen und mindestens 2 l Getränk eingeschlossen. Alles andere ist Schinderei.

Dies kann natürlich nur als Empfehlung für Wandereinsteiger gelten. Wanderer mit Kind und echte Profis, die regelmäßig mit kompletter Campingausstattung unterwegs sind, werden sich ohnehin von meinen Empfehlungen nicht beirren lassen.

Hier ein paar Vorschläge für den Inhalt Ihres Rucksacks (mit Innengestell und gut gepolsterten, verstellbaren Gurten für Schultern, Hüfte und Rücken):

Kleidung

- ☐ Wanderschuhe (Sohle mit kräftigem Profil, die Knöchel müssen fest umschlossen sein)
- ☐ Socken (die Kombination aus dünner Wandersocke und ganz dünner Unterzieh-Socke erzeugt weniger Blasen als eine dicke Socke)
- ☐ Wanderhose (mit mind. einer großen Tasche für die Wanderkarte)
- ☐ Fleecepullover oder Fleecejacke
- ☐ Anorak/Regenjacke (sollte nicht nur kurze Schauer, sondern auch einen halbtägigen Landregen aushalten!)
- ☺ besser noch: Anorak plus Kraxenponcho (schützt den Rucksack gleich mit) oder Trekkingschirm (darunter schwitzt man nicht so)
- ☐ Weste (mit Taschen für Geldbörse, Wanderführer, Wanderausweis, Mobiltelefon, Lippenpflegestift, MP3-Player oder was immer Sie nicht mehrfach täglich aus dem Rucksack hervorkramen wollen)
- ☐ Unterhosen
- ☐ Sport-BH (abhängig von Geschlecht - natürlich - und Brustgröße)
- ☐ T-Shirts
- ☐ Wandersandalen (für ebene Streckenabschnitte und abends)
- ☐ Regenüberhose/Beinlinge
- ☐ Bluse/Hemd
- ☐ Badeanzug/Badehose
- ☐ Sonnenhut (im Winter eher Mütze, Schal, Handschuhe)
- ☺ Je 3x Unterhose, T-Shirt, Socken haben sich bewährt: 1x am Körper, 1x vom Waschen letzte Nacht noch nicht ganz trocken, 1x Reserve. Zur Wanderhose ist eine Reservehose bzw. ein Rock/Kleid für abends empfehlenswert, wenn man nicht unangenehm riechend ins Restaurant gehen will. Alles möglichst leicht, knitterfrei und farblich zueinander passend aussuchen, Sie wollen sich darin ja auch wohl fühlen.

Körperpflege u.Ä.

- ☐ Kulturbeutel inkl. Lippenpflege
- ☐ Sonnenbrille

- ☐ Kontaktlinsenzubehör
- ☐ Reservebrille
- ☐ Feuchttücher (für saubere Hände)
- ☐ Handtuch

Erste Hilfe

- ☐ Blasenpflaster
- ☐ Hirschtalg (Stift, nicht Creme) oder Silikongel zur Blasenvorbeugung
- ☐ Schmerztabletten
- ☐ Sonnenschutzmittel
- ☐ Insektenschutz (Allergiker: Calcium nicht vergessen!)
- ☐ Pflasterstreifen
- ☐ Rettungsdecke
- ☐ elastische Binde
- ☐ Verbandpäckchen
- ☐ Schutzhandschuhe
- ☐ Dreiecktücher
- ☐ Wundsalbe
- ☐ Sportsalbe (Mobilat, Voltaren, Kytta & Co)
- ☐ Zinksalbe/Babycreme/Silikonsalbe (für Menschen, die sich schnell einen Wolf laufen)
- ☐ persönliche Medikamente

„Büro“

- ☐ Geldbörse (für Bologna, Florenz und die An- und Abreise besser Brustbeutel oder Geldkatze)
- ☐ Papiere (Personalausweis, Studentenausweis etc.)
- ☐ Reiseunterlagen, Tickets
- ☐ Jugendherbergsausweis
- ☐ Scheckkarte, Kreditkarte

Allgemeine Ausrüstung je nach persönlichem Interesse und Bedarf

- ☐ Taschenmesser
- ☐ Kartenmesser

- ☐ Kompass
- ☐ Streichhölzer
- ☐ Trillerpfeife (für Notsignale)
- ☐ dieser Wanderführer
- ☐ Landkarten
- ☐ Tagebuch
- ☐ Pflanzenbestimmungsbuch
- ☐ Italienisch-Wörterbuch
- ☐ Fotoapparat + Filme/Speicherkarten
- ☐ Campingausstattung (Leichtgewichtszelt, Schlafsack, Isomatte, Hängematte ...)
- ☐ Kocher, Geschirr, Besteck, Schwamm
- ☐ Thermosflasche + Tasse (besonders in den kalten Jahreszeiten)
- ☐ Mobiltelefon + Ladegerät + Adapter
- ☐ Thermometer (z.B. als kleiner Rucksackanhänger)
- ☐ GPS + Ladegerät + Ersatzbatterien
- ☐ Fernglas
- ☐ Teleskopwanderstöcke (bei schwachen Kniegelenken)
- ☐ Nähzeug
- ☐ große Sicherheitsnadeln (damit können Sie z.B. Handtücher und Kleidung am Rucksack zum Trocknen aufhängen)
- ☐ Taschenlampe oder Stirnleuchte
- ☐ „Saufsack" (Wasserbeutel mit Schlauch, aus dem Sie trinken können, ohne den Rucksack abzunehmen, sehr praktisch!)

Diplomatische Vertretungen

Italienische Botschaften:

in (D) Italienische Botschaft, Hiroshimastraße 1, 10785 Berlin, ☎ 030/254 40-0, FAX -169, 💻 www.ambberlino.esteri.it, ✉ consolare.berlino@esteri.it

in (A) Italienische Botschaft, Rennweg 27, 1030 Wien, ☎ 01/712 51 21, FAX 01/713 97 19, 💻 www.ambvienna.esteri.it, ✉ ambasciata.vienna@esteri.it

in (CH) Italienische Botschaft, Elfenstraße 14, 3006 Bern, ☎ 031/350 07-77, FAX -11, 💻 www.ambberna.esteri.it, ✉ ambasciata.berna@esteri.it

Vertretungen in Italien

Ⓓ Botschaft der Bundesrepublik Deutschland, Via San Martino della Battaglia 4, 00185 Rom, ☎ 06/492 13-1, FAX 06/445 26 72, 💻 www.rom.diplo.de, ✉ info@rom.diplo.de

♦ Honorarkonsulin der Bundesrepublik Deutschland, Renate Wendt, Corso di Tintori 3, 50122 Firenze, ☎ 055/234 35 43, FAX 055/247 62 08, ✉ florenz@hk-diplo.de

Ⓐ Österreichische Botschaft Rom, Viale Liegi 32, Interno 1, 00198 Rom, ☎ 06/841 82 12, FAX 06/85 35 29 91, 💻 www.bmeia.gv.at, ✉ rom-ka@bmeia.gv.at

(CH) Schweizer Botschaft, Via Barnaba Oriani 61, 00197 Roma, ☎ 06/80 95 71, FAX 06/808 85 10, 💻 www.eda.admin.ch/roma, ✉ rom.vertretung@eda.admin.ch

♦ Schweizer Konsulat Bologna, Via Risorgimento 11, 40033 Casalcchio di Reno, ☎ 051/57 64-16, FAX -68, ✉ bologna@honrep.ch

♦ Schweizer Konsulat Florenz, Piazzale Galileo 5, 50125 Firenze, ☎ 055/22 24 34, FAX 055/22 05 17 (Hotel Park Palace), ✉ firenze@honrep.ch

Einkaufen

Der Götterweg führt durch einige Orte mit guter Infrastruktur, meist aber durch herrlich ländliche Natur. Das kann schnell dazu führen, dass Sie hungrig wandern, wenn Sie nicht vorausschauend einkaufen. Auf einem Großteil der Tagesetappen kommen Sie zumindest mit kleinen Umwegen an einem kleinen Tante-Emma-Laden vorbei, wo Sie Ihre Vorräte notdürftig auffüllen können.

Gewöhnlich können Sie etwa zwischen 9:00 und 18:00 einkaufen, im ländlichen Bereich sind die Läden meist zur Mittagszeit geschlossen.

In vielen Unterkünften können Sie Lunchpakete bestellen, die einen Einkauf unterwegs entbehrlich machen. Wasser erhalten Sie bei jedem Anwohner, den Sie freundlich darum bitten.

Einreisebestimmungen

Schweizer und EU-Bürger können mit gültigem Reisepass oder Personalausweis nach Italien einreisen. Andere Staatsangehörige benötigen zumindest einen Reisepass. Wenn Sie für einen Mitgliedsstaat des Schengener Abkommens einen Aufenthaltstitel oder ein Visum haben, können Sie visafrei nach Italien einreisen. Alle anderen Reisenden beantragen ein Visum bei der italienischen Botschaft ihres Heimatlandes.

Elektrizität

In Italien beträgt die Netzspannung 220/230 V, deutsche Geräte laufen dabei einwandfrei. Stecker und Steckdosen unterscheiden sich etwas von unseren, denn aus vielen Steckdosen schaut ein Stift heraus, der nur schmale Stecker oder runde Stecker mit einer entsprechenden Aussparung zulässt.

Essen und Trinken

Wer gutes Essen liebt, wird den Götterweg mögen. Die regionale Küche ist gut und abwechslungsreich. Für jeden Geschmack und jeden Geldbeutel ist etwas dabei. Zumindest ab Mittag, denn das italienische Frühstück entspricht nur selten deutschen Erwartungen. Rechnen Sie mit Kaffee aus der Thermoskanne, süßen Hörnchen (manchmal auch mit Füllung), Weißbrot, Keksen, Zwieback, Butter und einer Sorte Konfitüre. Wenn es mehr wird oder gar Müsli, Obst, Wurst und Käse dabei sind, ist das ein Grund zur Freude - vielleicht sind Sie in einem Hotel untergekommen, das öfter mit Wanderern aus dem Norden zu tun hat. Nach Tee muss man fragen, mitunter ohne Erfolg. Separate Frühstückspreise von € 5 bis € 15 erscheinen dabei ziemlich überzogen. Vielleicht ist der Besuch einer Bäckerei unmittelbar nach dem Verlassen des Hotels die bessere Wahl.

Mittags werden Sie sich auf der Via degli Dei mangels Einkehrmöglichkeiten selbst verpflegen müssen, ein *pranzo* (Mittagessen) in einem Gasthaus ist daher selten machbar. Beim *cena* (Abendessen) müssen Sie mindestens bis 19:00 warten, in einigen Restaurants sogar bis 19:30 oder 20:00. Man isst in Italien meist später zu Abend als in Deutschland.

In den kleinen Tavernen und Osterias sind die Speisekarten (*lista/carta*) überschaubar, mitunter sind sie nur auf eine Tafel geschrieben oder sie fehlen ganz und die Bedienung trägt sie mündlich vor. Das kann bei fehlenden Italienischkenntnissen zu einem heiteren Pantomimeabend mit ganz überraschenden Speisefolgen werden!

Ein italienisches Menü beginnt in der Regel mit *antipasti* (Vorspeisen), bestehend aus kalten Köstlichkeiten oder Suppe mit Röstbrot. Der *primo piatto* (erster Gang) ist meist ein Nudelgericht, mit dem ich dann schon gut satt bin. Es geht aber noch weiter mit *secondo piatto* (zweiter Gang, Fleisch-/Fischgericht) nebst *contorni* (Beilagen wie Salat, Gemüse, Kartoffeln ...). Den Abschluss bilden *formaggi* (Käseplatte), *dolci* (Dessert) und *caffè* (Espresso). Wer dann noch Hunger hat, ist selbst schuld. Die Küche unterwegs ist so abwechslungsreich wie gut.

Beachten sollten Sie, dass immer noch in vielen Gasthäusern *pane e coperto* (Brot und Gedeck) sowie *servizio* (Bedienung, 15 %) extra berechnet werden. Dann ist das geschnittene Brot im Rechnungsbetrag enthalten. *Pane* von *pane e coperta* umfasst zum Teil auch die Portionspackungen Grissini (Brotstangen).

Zum Essen wird in der Regel *vino* (Wein) und *acqua* (Wasser) getrunken. Beim Wein haben Sie stets eine große Auswahl, selbst der preiswertere *vino de la casa* (Hauswein) ist meist sehr gut. Beim Wasser werden Sie stets „*gassata?*" gefragt, dabei will die Bedienung wissen, ob Sie Ihr Wasser mit Kohlensäure haben wollen. Am Ende fragen Sie nach *il conto* (die Rechnung).

Ragù alla bolognese

Außerhalb Italiens stellt man sich unter dem aus Bologna stammenden Ragout eine schnelle Soße für Spaghetti vor. Italiener sprechen von einem Ragout und essen es nicht zu Spaghetti. Traditionell soll das Hackfleisch vom Rind stammen, vielfach bekamen wir Rind-, Schweine- und Kalbshackfleisch zu gleichen Teilen serviert, mitunter mit etwas fein gehackter Geflügelleber oder Speck dazu. Einig sind die Köche darüber, dass das Fleisch mit sehr fein gehackten Zwiebeln, Knoblauch, Karotten und Sellerie in Olivenöl gedünstet wird. Abgeschmeckt wird je nach Koch mit Rotwein, Fleisch-/Gemüsebrühe, gemahlenen Steinpilzen, Tomatenmark, Pfeffer, Salz, Muskat, fein gehacktem Lorbeer und Gewürznelken. Früher wurde das Ragout den ganzen Tag gegart, damit es schön eindickt. Buon appetito!

Hier einige Vokabeln, die Ihnen helfen, unterwegs satt zu werden:

acqua minerale	Mineralwasser (gassata/naturale = mit/ohne Kohlensäure)
aglio	Knoblauch
agnello	Lamm
Amaretto	bereits im 16. Jahrhundert hergestellter Mandellikör
Aperol	bittersüßer Kräuterlikör
birra	Bier
bistecca alla fiorentina	Florentinersteak (mind. 500 g schwer, Preis in der Speisekarte ist pro 100 g angegeben)
brioche	gefülltes Croissant
bruschetta	geröstetes Weißbrot mit Belag, meist gehackte Tomaten mit Kräutern und Knoblauch
cantuccini	Mandelzwieback
Campari	bitterer alkoholischer Aperitif
carpaccio	feine Rindfleischscheiben (roh)
cassata	Schichttorte aus Biskuit, Ricotta, kandierten Früchten und Zucker. In der Eisdiele ist Cassata eine Eisbombe mit ähnlichen Zutaten.
ciabatta	besonders locker gebackenes Weißbrot
cozze	im Mittelmeerraum verbreitete Miesmuschel
fagiolata	Bohneneintopf
formaggio	Käse
frutta	Obst
funghi	Pilze
gelato	Eiscreme
insalata	Salat
minestrone	Gemüseeintopf
olio	Öl
pane	Brot
panini	(belegte) Brötchen
pannacotta	Dessert aus Sahne, Zucker, Gelatine und Vanille
pasta	Nudeln (al ragù = mit Fleischsoße, alla panna = mit Sahne, alla carbonara = mit Schinken und Speck)
pollo	Huhn

pomodori	Tomaten
porcini	Steinpilze
prosciutto	Schinken (crudo = roh, cotto = Kochschinken)
ratatuja	Gemüse (Auberginen, Brokkoli, Zucchini ...) in einer Soße
ravioli	gefüllte Nudeln
risotto	Reisgericht, meist mit Wein, Pilzen, Gemüse, Meeresfrüchten, Fleisch, Gewürzen und/oder Käse
salumi	Wurstwaren (Schinken, Salami, Mortadella)
succo di frutta	Fruchtsaft
tiramisu	Löffelbiskuit mit Mascarpone
tonno	Thunfisch
tagliatelle	Bandnudeln
tramezzini	belegte Brotscheiben
vino	Wein (rosso = rot, bianco = weiß)
zabaione	Eiercremedessert
zuppa di pesce	Fischsuppe

Seit 2005 besteht ein Rauchverbot in allen Gaststätten, Bars, Cafés und Kneipen, unabhängig von ihrer Größe. Manche Gasthäuser bieten eine abgetrennte Raucherzone an.

Die italienische Osteria ist mit der deutschen Kneipe vergleichbar, es gibt Wein und kleine Gerichte. In der Trattoria geht es weniger rustikal zu, dieses Speiselokal ist eher im ländlichen Bereich zu finden. Ristorante nennt sich ein Speiselokal mit gehobenerer Küche. Pizzerien, Bistros und Cafés entsprechen gleichnamigen Gaststätten in der Heimat. Mitunter gibt es allerdings in einem Café wirklich nur Kaffee und andere Heißgetränke. Auch in Bars ist allenfalls mit Schokoriegeln und Knabbersachen zu rechnen. Eine Paninoteca hingegen verkauft ausschließlich belegte Brote, Toasts und Getränke.

Ihr Weg zur Toilette endet oft an deren Tür. Fragen Sie dann bei der Bedienung nach dem *chiave* (Schlüssel). Nun müssen Sie nur noch auf den kleinen, aber feinen Unterschied zwischen *Signore* (Damen) und *Signori* (Herren) achten und fühlen sich bald besser.

Etappen

So unterschiedlich Wanderer sind, so unterschiedlich ist auch deren bevorzugte Etappenlänge. Am häufigsten habe ich Menschen getroffen, die ihr Tagesziel nach etwa 20 km erreichen wollten. Meine Vorschläge gehen daher von dieser Größenordnung und von den überhaupt vorhandenen Unterkünften aus. Aber auch Genusswanderer mit einer privaten Obergrenze von 15 km und sportliche Wanderer mit dem Wunsch nach 30 km am Tag sind mir begegnet. Eilige und konditionsstarke oder schwächere und unerfahrene Wanderer können die Etappen auch länger oder kürzer planen. Weniger als fünf Tage sind aber nicht zu empfehlen.

Mein Vorschlag für 7 Wandertage

Tag	Tagesziel	km	
1	Abzweig Sasso Marconi	16,9	Steiler Anstieg von Bologna nach San Luca, danach weitgehend ebener Uferpfad
2	Monzuno	20,1	Anstrengende Steigungen im ersten Teil, Etappe lässt sich nach 11 km teilen
3	Madonna dei Fornelli	10,9	Leichte Etappe auf bequemen Bergpfaden und kaum befahrenen Nebenstraßen
4	Passo della Futa	14,4	Einsame Waldwege und Bergpfade führen über den höchsten Punkt der Strecke
5	San Piero à Sieve	19,9	Abgelegener Bergpfad durch schwieriges Gelände, ab Sant' Agata Schotterpiste
6	Olmo	18,4	Mittelschwere Etappe auf Wald- und Wiesenwegen und Nebenstraßen
7	Fiesole	9,9	Leichte Etappe auf Waldwegen zum Il Pratone, langer Straßenabschnitt zum Ziel

Die Kapitel dieses Führers enthalten zum Teil deutlich kürzere Etappen. Am Ende dieser Mini-Etappen liegt immer eine Übernachtungsmöglichkeit oder eine Bushaltestelle, von der aus Sie eine Unterkunft erreichen können. Auf diese Art haben Sie die Möglichkeit, sich die Länge der Tagesstrecken individuell zusammenzustellen. Ich weiß ja nicht, wie lange Sie zum Fotografieren, Besichtigen, Aussicht-Genießen, Einkaufen ... benötigen und wie gut Sie zu Fuß sind.

Meine Entfernungsangaben weichen zum Teil von anderen Publikationen und Internetaufstellungen ab. Das hat unterschiedliche Gründe. Mitunter wird der Götterweg erst ab Sasso Marconi oder bis Florenz beschrieben und bemessen. Auch werden Wege oftmals auf Landkarten ausgerädelt oder auf digitalen Karten ausgemessen, während ich auf die tatsächlich von mir gelaufenen Strecken zurückgreife. Zum Teil wird die Strecke etwas anders geführt oder man lässt sie schon in Bivigliano enden. Mitunter wird großzügig abgerundet, um den Wanderer nicht zu entmutigen. Ich hingegen finde es frustrierender, weiter laufen zu müssen, als vorher nachgelesen. Daher gebe ich ehrliche, bei der Wanderung per GPS ermittelte Kilometer an. Es kann also eher sein, dass Sie ein paar Hundert Meter weniger brauchen, weil ich für Fotos und Notizen ein paar Schlenker auf dem Weg gegangen bin.

Feiertage

Die meisten italienischen Feiertage entsprechen den heimatlichen: 1. Januar: Neujahr/Capodanno, 6. Januar: Dreikönigstag/Epifania, Ostermontag/Lunedi dell'Angelo, 1. Mai: Tag der Arbeit/Festa del Lavoro, 15. August: Maria Himmelfahrt/Assunzione di Maria Vergine (Ferragosto), 1. November: Allerheiligen/Tutti i santi, 25. Dezember: 1. Weihnachtsfeiertag/Natale und 26. Dezember: 2. Weihnachtsfeiertag/Santo Stefano.

Hinzu kommen der 25. April: Tag der Befreiung/Festa della Liberazione, 2. Juni: Nationalfeiertag/Festa della Repubblica und 8. Dezember: Mariä Empfängnis/Immacolata concezione.

Karfreitag, Christi Himmelfahrt, Pfingstmontag, Fronleichnam und Heiligabend sind normale Arbeitstage.

Fotografieren

In Fotogeschäften können Sie Kleinbild-, APS- und Diafilme sowie Speichermedien für Digitalkameras kaufen. In den größeren Orten an Start und Ziel bieten Fotogeschäfte und Computerläden den Besitzern von Digitalkameras an, Fotos von allen gängigen Speichermedien auf CD, manchmal sogar auf DVD, zu brennen.

☺ Auch für kleine Digitalkameras gibt es gute und leichte Stative. Ich kann meinen nur 16,5 cm langen und 50 g leichten Gorillapod empfehlen, der in alle Richtungen biegsam ist, also auch auf sehr unebenem Untergrund sicher steht und sich bei Bedarf auch einfach einmal fest um ein Brückengeländer klammert.

Frauen

Immer wieder werde ich gefragt, ob man diesen oder jenen Fernwanderweg als Frau auch allein laufen kann. Warum nicht? Ihnen werden unterwegs männliche und weibliche Einzelwanderer begegnen, die sich weder fürchten noch Böses im Schilde führen. Ich wandere und pilgere seit Jahren allein in den verschiedensten Regionen der Welt und habe noch keinerlei schlechte Erfahrungen gemacht. Wenn es Ihnen nicht geheuer ist, ohne Begleitung durch die Wälder zu wandern, fragen Sie vielleicht eine Freundin, ob sie Sie begleitet, schließen Sie sich einer geführten Wanderung an oder suchen Sie in Internetforen nach Mitreisenden, die Sie dann vor dem Beginn der Wanderung schon treffen und kennenlernen können! Immer noch unsicher? Dann hilft vielleicht dies:

📖 **Für Frauen** von Dr. med. Dietlinde Burkhardt und David Meissner, Conrad Stein Verlag, Basiswissen für draußen, ISBN 978-3-89392-048-3, € 6,90

Geld

Der Euro ist auch in Italien offizielles Zahlungsmittel. Der Wechselkurs für Leser aus der Schweiz lag im Februar 2013 bei € 1 = CHF 1,23 bzw. CHF 1 = € 0,81.

Nehmen Sie nicht unnötig viel Bargeld mit auf den Weg (in jedem größeren Ort mit BANK Bank gibt es Geldautomaten), aber so viel, dass Sie auch mehrere Tage lang die Übernachtungskosten in bar zahlen können. Kreditkarten und Reiseschecks werden nur von größeren Hotels akzeptiert. Mit

Maestro-Karten kann man eher Glück haben. Zur Eindämmung des Geldautomatenbetrugs (skimming) haben einige Geldinstitute die Nutzung der EC-Karten im Ausland beschränkt oder ganz ausgeschlossen. Bitte erkundigen Sie sich vor Ihrer Abreise, ob Ihre Karte freigeschaltet ist.

Gepäck und Gepäckservice

Manch ein Wanderer möchte zumindest auf einzelnen Teilstrecken darauf verzichten, alle für die Übernachtung benötigten Dinge den ganzen Tag zu tragen. Hier bietet es sich an, nur mit Tagesrucksack zu wandern und sein Gepäck in die nächste Unterkunft vorauszuschicken. Teilt man den Transportpreis durch mehrere Wanderer, ist es preiswert erkauftes Wandervergnügen, besonders für Camper.

In fast jedem größeren Ort gibt es aber Taxiunternehmen, die Ihr großes Gepäck zum nächsten Vermieter oder Campingplatz bringen. Gepäckservice bieten auch einige Vermieter an, oft sogar preiswerter als Taxiunternehmer. Je nach Strecke ist mit € 15 bis 30 zu kalkulieren. Bei Pauschalanbietern ist üblicherweise der Gepäckservice im Paketpreis enthalten.

Hunde

Den Götterweg sind wir bei unseren Recherchewanderungen mit unseren beiden großen Neufundländern Maxim und Bathida gelaufen. Sie haben die Strecke geschafft, waren aber abends immer im wahrsten Sinne des Wortes hundemüde. Gerade die steilen Abschnitte sind auch für Hunde sehr anstrengend. Einige der Felsstufen werden schon für Leute unter 170 cm zu einer Klettertour, stellen also auch eine Herausforderung für Hunde dar. Wir mussten unsere Bärchen an mehr als einer Steilstelle von unten schieben. Ich gehe also davon aus, dass andere Hunde mit kürzeren Beinen oder kleinerer Sprungkraft mitunter von ihren Zweibeinern an einem Felsabsatz hochgehoben werden müssen. Nehmen Sie also Ihren Hund nur mit auf den Götterweg, wenn seine und Ihre (!) Kraft und Kondition dies problemlos zulassen.

Zahlreiche schmale Pfade verlangen Trittsicherheit, ferner sind einige Weiden mit grasendem Vieh und Wälder mit Wild zu durchwandern. Es sollten daher nur kerngesunde, gut leinengängige Hunde mitgenommen werden, die jederzeit abrufbar sind. Der Jagdtrieb sollte nicht allzu ausgeprägt sein. Alles andere ist eine Quälerei für Mensch und Tier.

Die Strecke ist für jeden Hund abwechslungsreich und spannend. Unsere Bathida machte im Reno ihre allerersten Schwimmversuche. Maxim hat bestimmt die sumpfigen Gebiete am ersten Wandertag in bester Erinnerung, jedenfalls sah er nach all seinen Ausflügen rechts und links des Weges aus wie ein Moddermonster. Beide würden - wenn sie sprechen könnten - von vielen netten einheimischen Hunden, noch viel mehr Streicheleinheiten der Einheimischen und unzähligen spannenden Gerüchen am Wegesrand berichten. Wasser gibt es unterwegs überall, Sie werden nur nach langen Trockenperioden für den Hund Reserven im Rucksack mitnehmen müssen - und das auch nur auf den südlichen Etappen.

Pause am Gipfel des Monte Adone

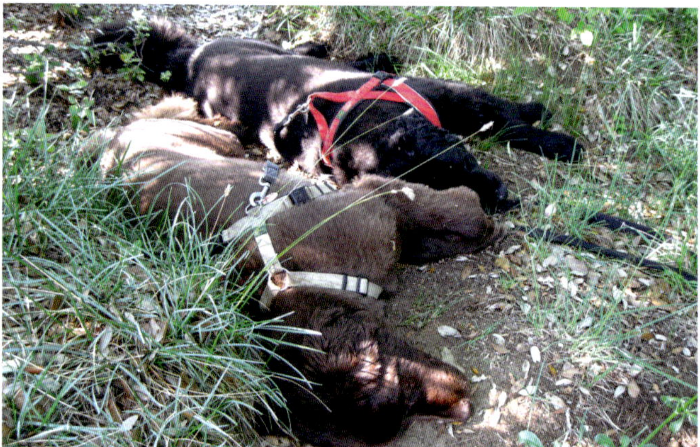

Viele Vermieter heißen auch mitwandernde Hunde willkommen, allerdings stets nur nach vorheriger Vereinbarung. Wer einen wasserliebenden Hund hat, sollte für ihn ein Handtuch extra mitnehmen, um eine Chance zu haben, bei den Vermietern am Ende der Tagesetappe Aufnahme zu finden. In Lokalen bringt die Bedienung oft schon einen Wassernapf für den Hund, bevor dessen Menschen überhaupt den Rucksack abgenommen haben.

Hundefutter gibt es in Bologna, Sasso Marconi, Monzuno, Madonna di Fornelli, S. Piero a Sieve und Fiesole.

📖 **Trekking mit Hund** von Heiko Kühr, Conrad Stein Verlag, Basiswissen für draußen, ISBN 978-3-86686-143-5, € 9,90

Rechtliches: Zur Einreise mit deutschen Hunden nach Italien benötigen Sie den blauen EU-Heimtierausweis mit Beschreibung des Hundes, Adresse des Halters und Nachweis der Tollwutimpfung (mind. 21 Tage alt). Einreisende Hunde müssen zudem zur eindeutigen Identifikation gechipt sein. Für jeden Hund muss ein Maulkorb mitgeführt werden, der allerdings nur auf Aufforderung durch Polizei, Förster oder den Busfahrer angelegt werden muss. Es besteht keine generelle Leinenpflicht. In Ortschaften und Parks müssen Hunde angeleint werden, dabei darf die Leine nicht länger als 150 cm lang sein.

Information

▷ **Emiliaromagnaturismo** ist die regionale Touristeninformation für die Emilia Romagna.

♦ www.emiliaromagnaturismo.com, emiliaromagnaturismo@regione.emilia-romagna.it

▷ **Firenzeturismo** ist nicht nur für Florenz, sondern auch für das Umland ein verlässlicher Informationspartner.

♦ Via Manzoni 16, 50121 Firenze, www.firenzeturismo.it

▷ **AppenninoSlow** ist der Ansprechpartner für alle Reisenden, die sich im Apennin zwischen Bologna und Florenz wohlfühlen wollen.

♦ www.appenninoslow.it

▷ Die Tourist-Info in Borgo San Lorenzo bietet gute Infos zum **Mugello** an, also zum Bereich Firenzuola, Barberino di Mugello und Scarperia.

♦ Unione Monatana dei comuni del Mugello, Ufficio Promozione Turistica, Via Palmiro Togliatti, 45, 50032 Borgo San Lorenzo (Fi), ☎ 055/84 52 71 85/6, FAX 055/845 62 88, www.mugellotoscana.it, turismo@uc-mugello.fi.it, Mo, Mi, Fr 9:00 bis 15:00, Di, Do 9:00 bis 18:00

Karten

Die Tourist-Information von Sasso Marconi bringt im April/Mai 2013 eine neue Karte heraus, die den gesamten Götterweg abdeckt und auch Unterkünfte, Einkehrmöglichkeiten und Sehenswürdigkeiten aufführt. Sie wird voraussichtlich bei der Tourist-Info und im Internet erhältlich sein.

- Paper for walking and hiking mountain bike „Street of the Gods", Maßstab 1:25.000, € 7

Falls sich der Erscheinungstermin verzögern sollte oder Sie auch mal einen Abstecher machen möchten, empfehle ich folgende Karten im Maßstab 1:50.000:

- Appennino Bolognese - Valli dell'Idice, del Savena e del Setta, Comunità Montana Valli des Savena e dell'Idice, schon etwas älter
- Carta escursionistica Toscana Mugello, S.E.L.C.A. Firenze. Ein Wanderführer mit Wanderkarte (1:50.000), die den Weg bis Fiesole abdeckt.
- Die Kompass-Karte 2452: Appennino Tosco Emiliano können Sie im Anschluss an die Carta dei Sentieri e dei Rifugi 23 (s.u.) für den letzten Abschnitt nach Florenz nutzen.

Genauer geht es mit den Karten 1:25.000:

- Carta escursionistica 02 BO Parco Regionale Gessi Bolognesi e Calanchi dell'Abbadessa, S.E.L.C.A. Firenze. Diese Karte bringt Sie aus Bologna heraus und auf dem eingezeichneten Weg CAI112 VD am Reno entlang bis kurz vor den Abzweig Sasso Marconi.
- Carta escursionistica 04 BO Parco Regionale Storico di Monte Sole, S.E.L.C.A. Firenze. Das ist die Anschlusskarte zur Karte 02 BO. Sie deckt die Strecke von Sasso Marconi bis Madonna dei Fornelli ab.
- Carta dei Sentieri e dei Rifugi 23, Appennino Toscoemiliano, Appennino Bolognese, Pistoise e Pratese, Edizioni Multigraphic Firenze. Die Strecke vom Monte del Galletto bis zum Passo della Futa ist hiermit abgedeckt.
- Carta dei Sentieri e dei Rifugi 27, Appennino Toscoemiliano, Mugello - Lago di Bilancino, Edizioni Multigraphic Firenze. Diese Karte reicht vom Passo della Futa bis nach San Piero a Sieve.

- Carta turistica e dei Sentieri 514 Dintorni di Firenze Nord, Edizioni Multigraphic Firenze. Diese Karte deckt den südlichsten Streckenabschnitt von San Piero a Sieve bis Fiesole ab.

Sie können die Karten in Deutschland beim Fachhändler bestellen oder direkt vor Ort kaufen. Die beste Beratung erhalten Sie in der speziellen Reisebuch- und Kartenhandlung Libreria Accursio Geocenter, wo die Inhaberin auf Wunsch sogar - so liebevoll wie sorgfältig - mit einem Textmarker die Route des Götterweges in die frisch erworbenen Karten einzeichnet.

- **Libreria Accursio Geocenter**, Via Oberdan 29/B, ☏ 051/22 09 83, Mo bis Fr 9:30 bis 13:00, Mo, Di, Mi, Fr 16:00 bis 19:30

Kinder

Der Götterweg ist schon für Erwachsene eher eine Trekkingtour als ein gemütlicher Wanderweg, es will also gut überlegt und trainiert sein, bevor Sie ein Kind mit auf diese Strecke nehmen. Bitte tun Sie diese Strecke keinem Kind an, das ungern wandert oder (noch) nicht trittsicher ist. Das wäre lebensgefährlich. An manchen steilen Stellen und hohen Stufen wird eine helfende Hand nötig sein.

Wer sein Baby oder Kleinkind in der Bauchtrage oder Kraxe mitnehmen will, sollte unbedingt trittsicher sein, besonders auf den schmalen und steilen Pfaden vor Bàdolo und hinter dem Monte Gazzaro.

Gut vorbereitete und ausgerüstete Kinder, die gerne wandern und mit verantwortungsvollen Erwachsenen unterwegs sind, werden die abwechslungsreiche Landschaft und die netten Leute schnell in ihr Herz schließen. Nur darf auf den langen Strecken die Laune nicht sinken, dabei helfen Spiele, Singen und spannend erzählte Geschichten.

📖 **Wandern mit Kind** von Kerstin Micklitza, Conrad Stein Verlag, Basiswissen für draußen, ISBN 978-3-86686-015-5, € 7,90

Unsere Tochter Aurelia war bei den beiden Recherchewanderungen sechs bzw. elf Monate alt und genoss die Wanderung sehr, selbst an völlig verregneten Tagen. Sie lachte sich bei unserem schiefen Gesang kaputt, mit dem wir bei Regen die schlechte Laune fernhielten. Und sie jauchzte vor Freude, wenn wir sie an besonders steilen Passagen mit klopfendem Herzen den Hang hinauf-/hinabreichten, weil der elterliche Träger Sorge hatte, mit ihr vor dem Bauch zu stürzen. Ihre ersten beiden Gesten (winken und klatschen) lernte sie von Italienern, ihr drittes gesprochenes Wort nach „Mama" und „Baby" lautete „Ciao"!

Hier ist Trittsicherheit gefragt - unterwegs nach Badolo.

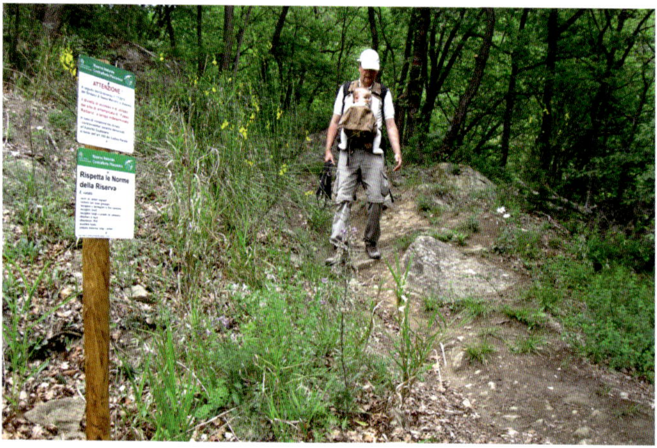

Klima und Reisezeit

Abgerundete Durchschnittswerte für Bologna/Fiesole

	Tagestemperatur in Celsius	Nachttemperatur in Celsius	Sonnenstunden pro Tag	Niederschlagstage pro Monat
Jan	5°/9°	-2°/2°	3/4	7/7
Feb	8°/10°	1°/2°	3/5	7/7
Mär	13°/14°	4°/5°	5/5	8/9
Apr	18°/19°	8°/8°	6/7	7/8
Mai	23°/22°	12°/12°	7/10	8/7
Jun	27°/27°	16°/15°	9/11	7/7
Jul	31°/30°	18°/18°	10/11	5/3

	Tagestemperatur in Celsius	Nachttemperatur in Celsius	Sonnenstunden pro Tag	Niederschlagstage pro Monat
Aug	29°/30°	18°/17°	9/10	6/3
Sep	25°/27°	15°/15°	7/8	5/5
Okt	19°/20°	10°/11°	5/6	7/9
Nov	11°/14°	4°/7°	3/3	8/9
Dez	6°/11°	0°/4°	2/3	7/9

Dies sind natürlich Durchschnittswerte. Nach einem kalten Julitag mit 14°C kann das Thermometer im Apennin nachts auch schon einmal auf 6°C abfallen, andererseits gibt es Sommertage, an denen Sie in den Flusstälern und Ebenen mit 40°C rechnen müssen. Die Temperaturen der Orte in den Bergen unterscheiden sich bei den Durchschnittswerten kaum von denen in Fiesole, weichen aber an einzelnen Tagen deutlicher vom Durchschnittswert ab.

Sie sehen, durchschnittlich jeden dritten bis vierten Tag ist mit Regen zu rechnen, wenn Sie nicht gerade in den beiden Hochsommermonaten unterwegs sind. Wenn es im Apennin regnet, dann kräftig und beständig. Es lohnt sich also, bei den ersten Tropfen die Regenausrüstung auszupacken, so schnell wird es nicht wieder aufhören.

Beste Reisezeit sind daher der Frühsommer (Mai/Juni) und der Herbst (September/Oktober). In den Wintermonaten können die steilen Felspassagen wegen Eis und Schnee, im Frühjahr der erste Abschnitt im Renotal wegen Matsch nahezu unpassierbar sein. In den heißen Sommermonaten Juli und August lässt es sich zwar für Camper prima draußen schlafen, es ist aber keine Freude, bei mehr als 30°C im Schatten die Ausrüstung durch die Sonne, also durch noch wärmere Temperaturen, zu schleppen.

Koordinaten

Zahlreiche Wanderer nehmen zur besseren Orientierung einen GPS-Empfänger mit. Ich habe daher in den Orten entlang des Weges Koordinaten mit Grad und Minutenangaben mit drei Nachkommastellen aufgeführt. Diese bringen Sie auf etwa 5 m genau ans jeweilige Ziel. Wer einen GPS-Empfänger mitnimmt, kann die Koordinaten schon zu Hause eingeben.

Körperliche Voraussetzungen

Der Götterweg ist eher ein Weg für erfahrene Fernwanderer als für Anfänger - schon durch die Steigungs- und Gefällestrecken, die besonders die Knie- und Fußgelenke belasten. Kälte, Regen und Hitze können zu Schwierigkeiten mit dem Kreislauf führen. Sie sollten fit genug sein, eine Tagesetappe von bis zu 25 km (für Irr- und Umwege) mit Steigungen und Gefälle auch bei widrigen Wetterbedingungen und mit Gepäck zu bewältigen. Ein Besuch beim Hausarzt und Trainingswanderungen können letzte Zweifel beseitigen. Für langjährige Wanderer mit normaler Konstitution und Kondition ist der Götterweg allerdings ein wahres Vergnügen, wir trafen unterwegs Wanderer jeden Alters.

Laufrichtung

Der Götterweg ist in beide Richtungen (gleich schlecht) markiert. Mein Wanderführer beschreibt den Weg in Nord-Süd-Richtung. Dies ist die üblichere Laufrichtung. Zudem kann die Wegbeschreibung in dieser Richtung auch von Rompilgern genutzt werden, die den Apennin östlich des Cisa-Passes überqueren wollen und über Florenz zur Via Francigena laufen.

📖 **Via Francigena von Lausanne nach Rom** von Ingrid Retterath, Conrad Stein Verlag, Der Weg ist das Ziel, ISBN 978-3-86686-281-4, € 16,90

Leser mit etwas Wandererfahrung werden den Weg anhand meiner Beschreibungen und mit den entsprechenden Karten aber auch ohne große Probleme in Gegenrichtung finden können.

📖 Literatur

Allgemeine Literatur

Wenn Sie sich schon zu Hause auf dem Sofa auf Ihre Reise einstimmen wollen, kann ich Ihnen folgende Romane empfehlen:

▷ E.M. Forster: **Zimmer mit Aussicht**, Aufbau, ISBN 978-3-570-19717-2. Florenz Anfang des 20. Jahrhunderts: eine junge Liebe und ein für den Fortgang der Handlung entscheidender Ausflug nach Fiesole. Beim Lesen der Ortsbeschreibungen werden Sie kaum bemerken, dass das Buch schon vor mehr als 100 Jahren geschrieben wurde.

- Tilman Röhrig: **Wir sind das Salz von Florenz**, Bastei Lübbe, ISBN 978-3-404-15200-1. Ein historischer Roman, der zur Zeit der Medici spielt und ein eindrucksvolles Bild von Macht, Willkür und Intrigen zeichnet.
- Michael Böckler: **Wer stirbt schon gerne in Italien?**, Knaur, ISBN 978-3-426-61835-6. Spielt in der Toskana und ist leichte Krimikost mit Reisetipps für Restaurants und Sehenswürdigkeiten und Rezepten. Nach dem Lesen müssen Sie entscheiden, ob Sie es bei den Krimis oder bei den Kochbüchern ins Regal stellen!
- Magdalen Nabb hat eine Serie von 14 Kriminalromanen geschrieben, in denen der Serienheld Salvatore Guarnaccia für die Carabinieri in Florenz ermittelt. (Diogenes)
- Grazia Verasani: **Briefe einer Toten**, Goldmann, ISBN 978-3-442-46636-8. Der düstere Krimi mit einer unkonventionellen Ermittlerin spielt in Bologna. Sie findet die Briefe ihrer Schwester, die vor 16 Jahren Suizid beging.
- Michael Dibdin: **Tod auf der Piazza**, Goldmann, ISBN 978-3-442-46090-8. Sonderermittler Aurelio Zen wird wegen eines Mordes nach Bologna beordert. Ein kurzweilig und humorvoll geschriebener Krimi mit einem interessanten Kochduell, der andere Italienkrimis auf die Schippe nimmt.

(Kunst)Reiseführer und Reiseerzählungen

- Nahezu jeder deutschsprachige Reiseführerverlag bietet Reiseführer zur Toskana und Städteführer zu Florenz an. Wenden Sie sich am besten an den Buchhändler in Ihrer Heimatstadt, er berät Sie sicher gerne.
- Silvestra Bietoletti/Elena Capetti/Marco Chiarini: **Florenz: Kunst und Architektur**, h.f.ullmann publishing, ISBN 978-3-83315-578-9. Preiswerter, aber guter Bildband mit nützlichen Informationen zur Vor- und Nachbereitung eines Besuchs in den Sehenswürdigkeiten von Florenz.

- Irving Stone: **Michelangelo**, rororo, ISBN 978-3-499-22229-0. Ziemlich ausführliche und leidenschaftlich erzählte Biografie des Renaissance-Künstlers in Romanform, die große Lust auf eine Reise nach Florenz weckt.
- Dario Castagno: **Toskana Forever: Ein Reiseleiter erzählt**, Goldmann, ISBN 978-3-442-45994-0. Der auf englischsprachige Touristen spezialisierte Reiseleiter plaudert kurzweilig und amüsant über seine Kindheit, die Existenzgründung als Reiseleiter im Chianti und seine Erlebnisse mit den unterschiedlichsten Kunden.
- Eckart Peterich: **Italien - Oberitalien, Toskana, Umbrien**, Prestel, ISBN 978-3-7913-0297-3. Der erste Band eines dreiteiligen Reiseberichts aus dem Jahr 1958, im Jahr 2002 neu aufgelegt und immer noch lesenswert wegen der guten Verknüpfung der Geschichte und der Geschichtchen der Region. Der Autor war Leiter der deutschen Bibliothek in Rom.

Bücher zum Götterweg (beide italienisch)

- Soravis, Gardini, Agostini: **La Via degli Dei**, Tamari Montagna Edizioni, ISBN 978-88-8043145-9. Italienischsprachiger Führer zum Götterweg mit spezieller Route für Radler, Pflanzenbestimmungskapitel und Karten.
- Wu Ming 2: **Il sentiero degli dei**, Ediciclo Editore, ISBN 978-88-8882996-8. Ein Roman, in dem ein Mann mit seinen beiden Söhnen bei einem Besuch im Park Talon auf die Idee kommt, zu Fuß nach Florenz zu gehen. Das Buch beschäftigt sich kritisch mit dem Bau der Hochgeschwindigkeitsbahntrasse zwischen Bologna und Florenz.

Markierungen

Der Götterweg ist mehr schlecht als recht markiert. Offizielles Kennzeichen sind zwei gelbe Punkte, mitunter sind aber auch die Buchstaben VD oder VdD zur Markierung eingesetzt worden. Etwa eine Handvoll Wegweiser helfen dem Wanderer mit einem ausgeschriebenen „Via degli Dei" weiter.

Dies liest sich auf den ersten Blick so, als müssten Sie viel Zeit mit Suchen verbringen. Ich verspreche Ihnen, dass es nicht so sein wird. Die Via degli dei führt nämlich größtenteils über sehr gut markierte Wege des CAI (Club Alpino Italiano). In meiner Wegbeschreibung gebe ich immer an, wie die Markierung vor Ort aussieht. Die Kombination aus meiner Beschreibung, den CAI-Markierungen und halbwegs wachen Augen sollte also zu einem Wandervergnügen ohne unfreiwillige Umwege führen.

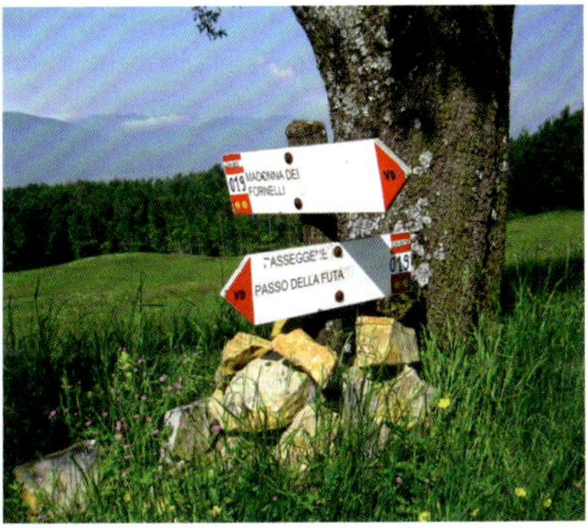

Wegmarkierung

⊞ Medizinische Versorgung

Entlang des Weges finden Sie Krankenhäuser, praktische Ärzte und Rettungsdienste in der von zu Hause gewöhnten Qualität. Fast immer lässt sich zumindest das Nötigste zu Ihrem Notfall in Englisch klären, ansonsten wird schnell ein Sprachkundiger unter den Kollegen, Unfallzeugen oder Mitpatienten ausfindig gemacht.

☆ Notruf

Notrufe können Sie unter der einheitlichen europäischen Notrufnummer ☏ 112 absetzen.

Sonder- und Notrufnummern sind ☏ 113 für Polizei, ☏ 115 für Feuerwehr, ☏ 118 für Rettungsdienst und ☏ 771 71 für die Bergrettung.

In Waldgebieten verkürzt sich die Hilfsfrist deutlich, wenn Sie den Rettern eine - und sei es nur grobe - Koordinate nennen können. Ist kein Telefon erreichbar, versuchen Sie durch Lichtsignale, Trillerpfeife oder lautes Rufen auf sich aufmerksam zu machen.

Einige Wanderer vom „alten Schlag", besonders wenn sie allein unterwegs sind, und erstaunlich viele der Gastleute entlang der Strecke verlassen sich immer noch ungern auf Notrufe mit dem Mobiltelefon. Sie vereinbaren, dass der Wanderer abends beim Erreichen des nächsten Ziels kurz anruft. Hat er bis zu einer vereinbarten Uhrzeit nicht angerufen, kann die Sicherheitsperson zu Hause oder der Wirt vor Ort eine Suchaktion initiieren. Das setzt allerdings Disziplin voraus, der Wanderer muss in jedem Fall anrufen, wenn er Aufregung und Kosten vermeiden will.

Post und Telefon

Auch in Italien werden die reinen Postämter durch Postagenturen in Tabacchi-, Schreibwaren- und Krämerläden ersetzt. Postdienste werden leider häufig nicht während der gesamten Öffnungszeit des Ladens angeboten.

Entlang des Götterweges haben Mobiltelefone nicht überall Empfang. Je nach Standort der Masten wird der Empfang durch die Felsen abgeschwächt. Prüfen Sie zu Hause, welche Roaminggebühren anfallen können, damit es nach dem schönen Urlaub nicht zu einer unschönen Überraschung kommt.

Für Anrufe ins Ausland lassen Sie die 0 der Ortsvorwahl weg und wählen stattdessen für Deutschland 00 49, für Österreich 00 43 und für die Schweiz 00 41. Die Ländervorwahl für Italien ist 00 39.

Bei italienischen Festnetznummern muss die 0 am Anfang mitgewählt werden, auch wenn Sie aus dem Ausland anrufen oder ein Ortsgespräch führen. Die Vorwahl ist Bestandteil der Telefonnummer.

Radfahren

Der Götterweg ist als reiner Wanderweg konzipiert. Vereinzelt haben wir unterwegs Mountainbiker getroffen, die ziemlich schnauften und nach eigener Aussage mehr schoben als fuhren, weil die Strecke zum Teil sehr steil ist.

Über lange Strecken verläuft der Götterweg parallel zum BoFi, dem für Wanderer, Radfahrer und Reiter gleichermaßen konzipierten Weg von **Bo**logna nach **Fi**renze (Florenz). Naja, er beginnt erst hinter Bologna und endet vor Florenz, aber die beiden großen Städte sind trotzdem die Namensgeber. Dieser Weg beginnt in Casalecchio di Reno und verläuft mit mehreren Variationsmöglichkeiten über Sasso Marconi, Monzuno, Monghidoro, Firenzuola, San Piero a Sieve und Bivigliano nach Fiesole. Nähere Infos zum 130 km langen Bo-Fi auf www.dabolognaafirenze.it.

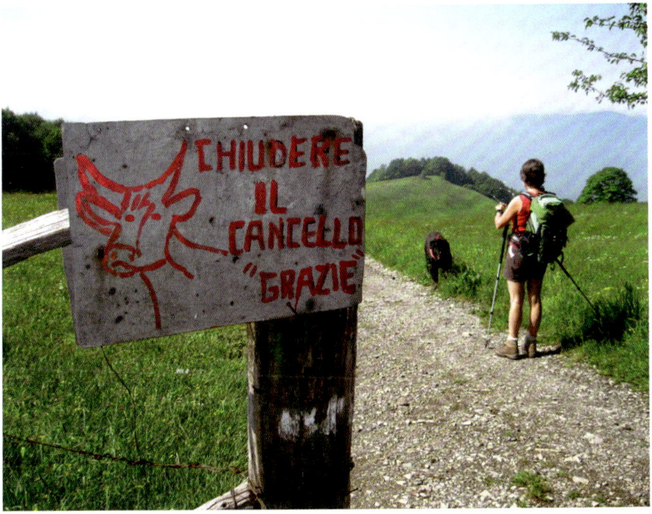

Bitte das Tor schließen! Danke.

Sprache

In Italien ist es mit den Sprachen ähnlich wie bei uns. Außer der Muttersprache sprechen die Alten oft nur ihren regionalen Dialekt. Die meisten jüngeren Italiener und viele Ansprechpartner in den Unterkünften sprechen etwas Englisch. Je nach Herkunft und persönlicher Neigung des Gegenübers wird aber auch Französisch, Spanisch, Polnisch oder Russisch angeboten. Wenn alles nichts hilft: Die emotionalen und hilfsbereiten Italiener können so toll mit Händen und Füßen sprechen, dass die Verständigung nie zu einem echten Problem wird. Sicherheitshalber sollte aber ein kleines Wörterbuch oder ein Mobiltelefon mit Übersetzungsprogramm und/oder Internetzugang eingesteckt werden.

Einige Bezeichnungen für italienische Speisen und Getränke finden Sie auf im Kapitel „Essen und Trinken (☞ Seite 32), weitere italienische „Survival-Vokabeln" sind im „Kleinen Sprachführer" (☞ Seite 134) aufgeführt.

Trampen

Ein Formtief, eine Verletzung, falsche Etappenplanung, schlechte Busverbindungen oder heftige Unwetter können den Wanderer dazu zwingen, die geplante Tagesetappe abzubrechen und die restliche Strecke zur Unterkunft alternativ zurückzulegen. Der Pfad verläuft vielerorts so weit entfernt von Straßen und Ortschaften, dass auch der Weg zu einer möglichen Mitnahmestelle ziemlich kraftaufwendig ist.

Wenn Sie aber erst einmal an einer Straße stehen, werden Sie erstaunt darüber sein, dass Sie sehr lange stehen müssen. Dies liegt nicht an der Unfreundlichkeit der Einheimischen, sondern am geringen Verkehrsaufkommen und an dem Umstand, dass das Trampen durch „Daumen-Raushalten“ nicht erlaubt ist. Zulässig ist aber das direkte Ansprechen von Autofahrern. Mitunter geht es noch leichter, sich hilfesuchend an einen Anwohner oder den Inhaber Ihrer nächsten Unterkunft zu wenden, der dann eine Idee hat oder selbst schnell das Auto aus der Garage holt. Im ländlichen Bereich haben Sie bessere Chancen als rund um Bologna und Fiesole.

Unterkunft

Für Übernachtungsmöglichkeiten ist am Götterweg in ausreichendem Maße gesorgt. Nur in den einsamen Regionen müssen Sie genauer planen. Sicherheitsfreunde sollten ihre Unterkunft rechtzeitig im Voraus buchen. Ansonsten reicht es üblicherweise, am Vorabend oder morgens vor dem Start zu telefonieren. Natürlich können Sie auch auf gut Glück so weit gehen, wie Sie schaffen, und dann ein Quartier suchen.

Freundlicher Empfang im Hotel - hier die Inhaber des Giotto Park Hotel in Bivigliano.

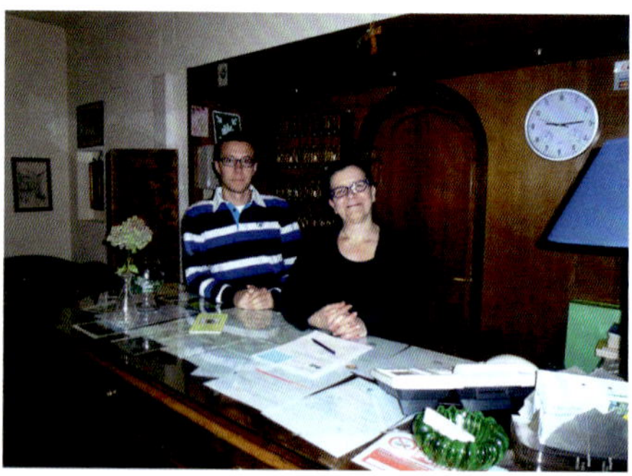

Unterwegs finden Sie Hotels, B&B und Pensionen mit einfachem Standard ab € 25 pro Person. In Luxushotels müssen € 80-120 einkalkuliert werden.

Entlang des Weges liegen leider keine Billigunterkünfte. Nur am Startpunkt in Bologna ist eine Jugendherberge zu finden und nahe dem Ziel Fiesole im benachbarten Florenz. Für die Übernachtung in einer italienischen Jugendherberge brauchen Sie einen gültigen Herbergsausweis. Den erhalten Sie beim Jugendherbergswerk Ihres Heimatlandes.

www.jugendherberge.de, www.jungehotels.at, www.youthhostel.ch

Campingplatz in Bologna

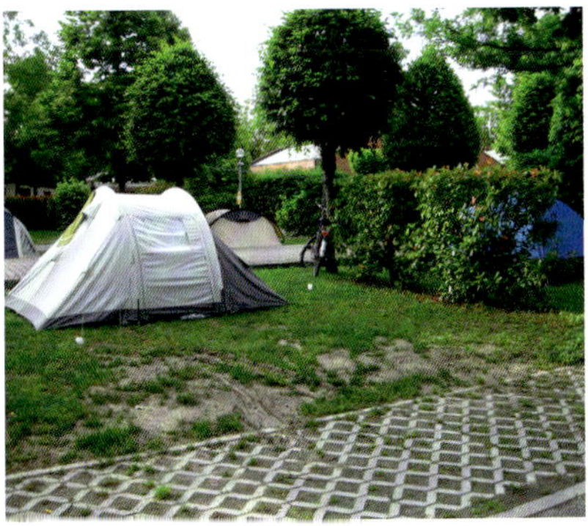

Richtig große Campingplätze gibt es am Wanderweg kaum. Außerdem lassen einige der vorhandenen Caravanparks keine Zelte zwischen ihren Mobile homes zu. Dennoch werden Sie keine Probleme mit Stellplätzen haben. Viele B&B-Vermieter lassen bei freundlicher telefonischer Anfrage Wanderer im Garten zelten.

Wildcamping ist generell verboten. Es drohen Bußgelder von € 100-500, je nachdem, ob man zu Fuß oder motorisiert unterwegs ist, gestört oder gar etwas beschädigt hat. Auf Wiesen und Weideland wäre Wildcampen ein Verstoß gegen die Eigentumsrechte des Bauern und zöge ein nächtliches Kennenlernen des Dorfpolizisten nach sich. Also: Stets vorher fragen, fast immer bekommt man die Erlaubnis und noch dazu einen guten Tipp, wo das Zelt windgeschützt und schlammfrei steht.

Einige Vermieter bieten eine Gepäckbeförderung an. Diese Anbieter sind mit dem Symbol gekennzeichnet. Gerade für Camper ist es wichtig, tagsüber nicht das gesamte Zeltzubehör schleppen zu müssen. Sie machen morgens telefonisch den nächsten Schlafplatz fest (gleich wieder nach Gepäckservice fragen!) und lassen sich ihr großes Gepäck vom heutigen Vermieter zum nächsten Quartier bringen. Mit einem kleinen Tagesrucksack kommen sie dann viel lockerer durch ihre Tagesetappe.

Häuser, die nicht unmittelbar am Weg liegen, bieten zum Teil einen Fahrdienst an. Wanderer können sich an einem vorher abgesprochenen Ort zu einer konkreten Zeit abholen und am nächsten Tag wieder an diesem Punkt absetzen lassen. Vermieter, die diesen Service bieten, können Sie an dem Symbol 🚗 erkennen.

Im Wanderteil sind die Übernachtungsmöglichkeiten mit Entfernungsangaben ➲ zum Götterweg jeweils bei den Einzeletappen genannt. In größeren Orten wurde von der Aufzählung aller Unterkünfte abgesehen, damit das Buch nicht unnötig schwer wird. Die örtliche Touristeninformation hilft stets weiter, wenn Sie mit meiner Aufzählung nicht auskommen.

Updates

Der Conrad Stein Verlag veröffentlicht Updates zu diesem Buch, die direkt von der Autorin oder von Lesern dieses Buches stammen.

Bitte suchen Sie vor Ihrer Abreise auf der Verlag-Homepage 💻 www.conrad-stein-verlag.de diesen Titel. Unter dem Link „mehr lesen" finden Sie alle wichtigen Informationen. Der links abgebildete QR-Code führt Sie direkt zu der richtigen Seite.

Verkehrsmittel unterwegs

🚌 Folgende Buslinien habe ich entlang des Götterweges gefunden, sortiert in Wanderrichtung:

- ▷ Linie 58 (TPB): Bologna - San Luca
- ▷ Linie 20 (TPB): Bologna - Casalecchio

- ▷ Linie 92 (ATC): Bologna - Sasso Marconi
- ▷ Linie 706 und 826 (ATC): Bologna - Casalecchio - Sasso Marconi
- ▷ Linie 827 (ATC): Bologna - Sasso Marconi - Bettola Chiesa - Selve - Monzuno
- ▷ Linie 856 (ATC): Bologna - Casalecchio - Sasso Marconi oder Bologna Madonna dei Fornelli - Castel dell' Alpi
- ▷ Linie 850/851 (ATC): Bologna - Casalecchio - Madonna dei Fornelli - Castel dell' Alpi
- ▷ Linie 301 (AMV): Barberino di Mugello - Florenz
- ▷ Linie 301 b (AMV): Passo della Futa - Barberino di Mugello
- ▷ Linie 302 (AMV): Florenz - Vaglia - San Piero a Sieve - Sant' Agata - Barberino di Mugello
- ▷ Linie 303 (AMV): Firenzuola - Scarveria - San Piero a Sieve - Florenz
- ▷ Linie 304 (AMV): Passo della Futa - Traversa - Firenzuola - San Piero a Sieve
- ▷ Linie 305 (AMV): Borgo San Lorenzo - San Peiro a Sieve - Sant' Agata - Barberino di Mugello
- ▷ Linie 306 (AMV): Florenz - Pratolino - Bivigliano (- Montesenario)
- ▷ Linie 307 (AMV): Florenz - Tagliaferro - San Piero a Sieve - Sant' Agata
- ▷ Linie 319 (AMV): Borgo San Lorenzo - San Piero a Sieve - Olmo - Florenz
- ▷ Linie 7 (ATAF): Fiesole - Florenz (Piazza San Marco)

Detaillierte Fahrpläne im Internet finden Sie hier:

- ♦ TPB: 💻 www.tpbbologna.it
- ♦ ATC: 💻 www.atc.bo.it
- ♦ AMV: 💻 www.amvbus.it
- ♦ ATAF: 💻 www.ataf.net

Taxi

Taxifahrten sind die teuerste öffentliche Fortbewegungsart. Je nachdem, wo man gestrandet ist, ist es aber die einzige Chance, weiterzukommen. Gezahlt werden im städtischen Bereich von Bologna und Fiesole nur die Grundgebühr und die mit dem Passagier gefahrenen Kilometer, im ländlichen Bereich berechnen die Taxiunternehmer meist auch die Anfahrt zu der Stelle, an der der Passagier aufgesammelt wird. Wenn der Taxifahrer merkt, dass Sie dringend auf ihn angewiesen sind, kann es richtig teuer werden. Preisbeispiel: An einem Tag, an dem wir ohne Hunde unterwegs waren, sollten wir für die Strecke von Barberino di Mugello zum Futa-Pass € 60 bezahlen, konnten den Fahrer nur mit Mühe auf € 50 herunterhandeln. Ich möchte nicht wissen, was es mit Hunden gekostet hätte.

Wanderpauschalen

Die meisten Wanderer laufen den Götterweg ohne fremde Hilfe. Wer rundum umsorgt werden möchte, kann die Pauschalangebote folgender internationaler Anbieter nutzen:

▷ **AppenninoSlow** bietet eine Pauschale für Individualwanderer an, bei der 4 Nächte ÜF/5 Wandertage mit Gepäckservice, Broten für den Wandertag, Versicherung und dem italienischsprachigen Wanderbuch zur Via degli Dei für € 345 gebucht werden können. Start ist in Badolo nach einem Transfer vom Bahnhof in Sasso Marconi, erste Übernachtung in Madonna dei Fornelli. Die Unterkünfte vor dem ersten und nach dem letzten Wandertag müssen selbst gesucht und gebucht werden. Das Pauschalpaket inkl. der beiden Übernachtungen am Anfang und am Ende kostet € 430. Gewandert werden täglich 15-27 km, insgesamt gut 100 km.

♦ AppenninoSlow, Via del Poggio 30, 40050 Loiano, ☏ 051/469 00 50, 💻 www.appenninoslow.it, ✉ info@appenninoslow.it

▷ **STAP Reizen** in den Niederlanden bietet in den Monaten Apr, Mai, Jun, Sep und Okt (Start täglich möglich) individuelle Wanderpauschalen auf dem Götterweg an. Aufpreis für Einzelzimmer, Rabatt ab 3 Personen. Im Preis enthalten sind 7-8 Übernachtung inkl. Frühstück, 6 Lunchpakete, 6 Abendessen, Gepäcktransfer, Hol- und Bringservice bei Hotels abseits des Weges, Informationspaket mit Routenbeschreibung, Wanderkarte 1:25.000 und GPS-Tracks.

♦ STAP Reizen Nieuwegracht 98, 3512 LX Utrecht, Nederland, ☏ +31 (0)30/230 25 03, FAX +31 (0)30/230 07 28, 💻 www.stapreizen.nl, ✉ info@stapreizen.nl

▷ Der britische Anbieter **Inntravel** bietet eine zehntägige Wanderpauschale für den Götterweg von Bologna bis nach Florenz an, davon sind sieben Tage fürs Wandern und die restliche Zeit für Besichtigungen in Bologna und Florenz vorgesehen. Im Preis enthalten sind Gepäcktransport, Karte und Notizen zum Wegverlauf, Transfers von und zu den nicht am Götterweg liegenden Hotels, Frühstück an jedem Tag sowie Proviant für unterwegs und Abendessen an den Wandertagen. Zusatznächte in Bologna und Florenz sind möglich. Die Reise kann jeden Tag in der Zeit vom 01.04. bis 30.06. und 01.09. bis 15.10. angetreten werden und kostet zwischen £ 1.135 und 1.278 (ca. € 1.310-1.480). Einzelzimmer sind teurer, ab der dritten Person gibt es Rabatt.

♦ Inntravel Ltd. Whitwell Grange, near Caste Howard, York, YO60 7JU, England, 💻 www.inntravel.co.uk, ✉ intravel@inntravel.co.uk

▷ Das Internetportal **Bergwandern** bietet eine Fünftagespauschale von Monzuno nach Fiesole für € 635 an. Dieselbe Reise wird auch vom österreichischen Anbieter **Sinnwandern** angeboten. Dort ist im Preis von € 720 sogar die Bahnanreise ab Innsbruck enthalten. Außerdem umfasst der Preis bei beiden die Führung durch eine/n Bergwanderführer/in, Anleitung zu meditativem Gehen, Halbpension und Transfers.

♦ Bergwandern.com cG Touristik, Marktplatz 10, 94149 Kösslam, ☎ 085 36/91 22 97, FAX 91 22 96, 💻 www.bergwandern.com, ✉ info@cgtouristic.de

♦ Sinnwandern - Das geführte Reise zu Fuß, Adele-Obermayr-Straße 2/27, A-6020 Innsbruck, ☎ +43 (0)68 01 34 57 79 + (0)66 06 50 56 97, 💻 www.sinnwandern.at, ✉ klaudia.bestle@sinnwandern.at

▷ Der **DAV Summit Club** bietet zweimal jährlich eine geführte Wanderung auf dem Götterweg an. Die 11 Tage lange Reise mit je zwei Übernachtungen in Bologna und Florenz ist ab € 1.595 buchbar. Im Preis enthalten sind Halbpension, Fahrten, Transfers, Eintritt, Gepäcktransport, Kultur- und Bergwanderführer auf dem Götterweg, Stadtführer in Bologna und Florenz und Reiseversicherungen. Zusatznächte in Bologna und Florenz sind möglich.

♦ DAV Summit Club GmbH, Am Perlacher Forst 186, 81545 München, ☎ 089/642 40-0, FAX -100, 💻 www.dav-summit-club.de, ✉ info@dav-summit-club.de

Zeit

In Italien gilt die Mitteleuropäische Zeit (MEZ), wie auch in Österreich, der Schweiz und Deutschland. Die Umstellung auf Mitteleuropäische Sommerzeit (MESZ) findet ebenfalls am letzten Sonntag im März statt. Zurück werden die Uhren am letzten Sonntag im Oktober gestellt.

Noch ein ernst gemeintes Wort zum Thema Zeit: Manch ein unerfahrener Wanderer verkalkuliert sich mit den Wanderzeiten und rechnet mit 5 bis 6 km/h. Eine solch hohe Geschwindigkeit ist aber nur für voll durchtrainierte Sportler zu halten, die weder Fotos machen noch Aussichten genießen. Wer mit Gepäck bergauf und bergab unterwegs ist, sich auch an der Landschaft und netten Gesprächen mit Zufallsbegegnungen erfreuen will, sollte eher mit 3 bis 4 km/h rechnen.

Eine weitere Zeitfalle sind Angaben von Einheimischen und auf Wegweisern. Sie können zwar mitunter vollkommen exakt sein, liegen mitunter aber auch außerhalb jeder Logik. Hier zwei Beispiele:

1.) An der Badia Buonsollazzo zeigt der Wegweiser an, dass die Laufzeit bis zum Monte Senario noch 1:30 h beträgt. Hier hilft nur noch Kopfschütteln oder Schulterzucken, denn vor gut einer halben Stunde haben Sie einen Wegweiser passiert, dem zufolge es nur noch 1:20 h sein sollten!

2.) Beim Anmarsch vom Monte Senario nach Fiesole passieren Sie einen Wegweiser, auf dem Sie erfahren, dass der Monte Senario 1 h zurückliegt, nach 20 Min. Laufen sind es auf einem Schild schon 1:45 h. Aha, denkt man, da bin ich ja schnell vorangekommen. Doch die ganze Euphorie ist hinüber, wenn 5 Min. später das nächste Schild von 1:30 h ab Monte Senario kündet!

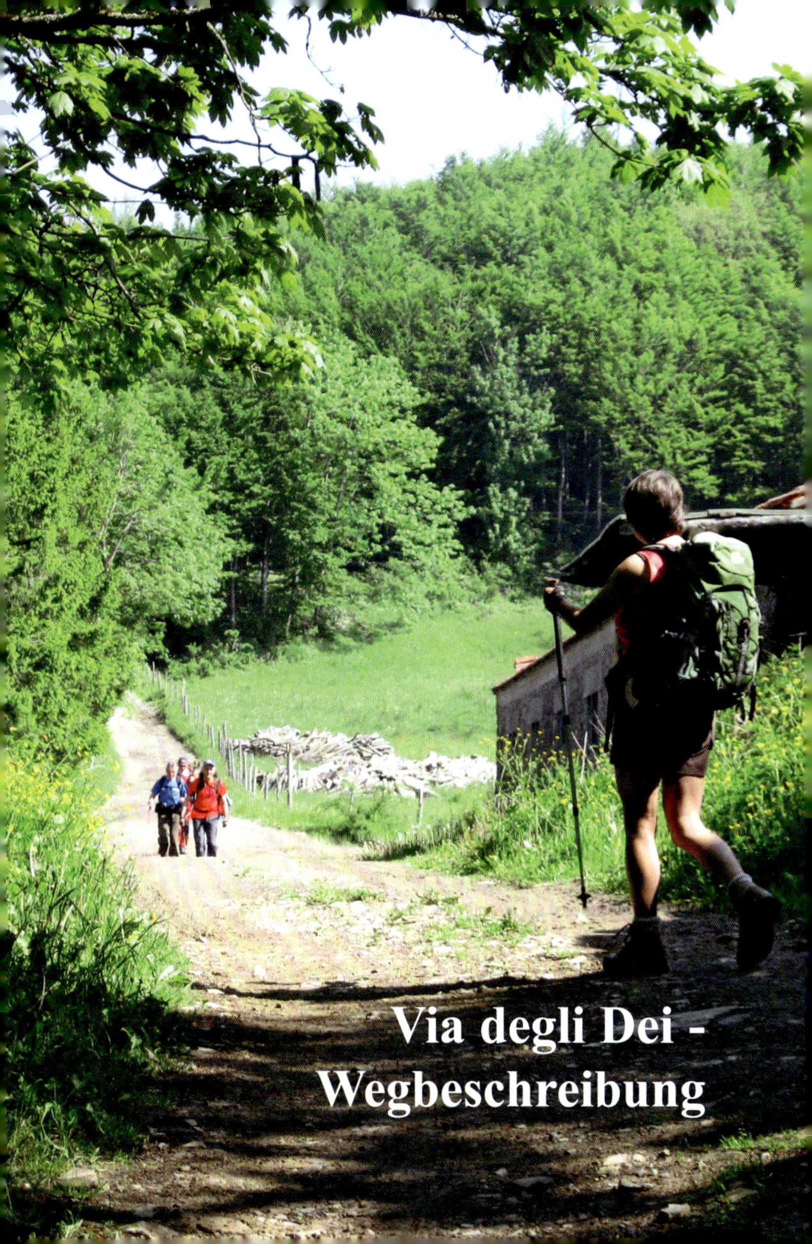

Via degli Dei - Wegbeschreibung

Bologna

Bologna Welcome, Stadtmitte, Piazza Maggiore 1/e, 40124 Bologna, 051/23 96 60 + 647 21 13, FAX 051/647 22 53, www.bolognawelcome.com, touristoffice@comune.bologna.it, Mo bis Sa 9:00 bis 19:00, So, Fei 10:00 bis 17:00. Das freundliche Personal vermittelt gute Stadtführer für einen Stadtrundgang.

♦ **Bologna Welcome**, Flughafen (Arrival), Via Triumvirato 84, 40132 Bologna, Mo bis Sa 9:00 bis 19:00, So, Fei 9:00 bis 16:00

Tourist Tax wird zusätzlich zum Übernachtungspreis erhoben und ist abhängig vom Übernachtungspreis: € 1 (bis € 30,99), € 1,50 (über € 31), € 2,50 (über € 71), € 4 (über € 121)

Eine Übersicht über die zahlreichen Hotels, Pensionen und Privatvermieter erhalten Sie bei der Touristeninformation.

Zu Messezeiten sind die Hotels in Bologna und Sasso Marconi erheblich teurer und oft ausgebucht. Messetermine lassen sich unter www.bolognafiere.it in Erfahrung bringen.

B&B Bed in Bo, Via Melloni 26, 40134 Bologna, 331/884 46 44, www.bedinbo.it, info@bedinbo.it, 100 m, ÜF EZ € 50-80, DZ € 80-120, DBZ € 110-160,

Ostello San Sisto Due Torri, Via Viadagola 5-14, 40127 Bologna, + FAX 051/50 18 10, www.ostellodibologna.com, bologna@aighostels.com, 6 km (Buslinie 93), ÜF EZ € 26, im DZ € 23, im MBZ € 18. Die einzige Jugendherberge in Bologna liegt weit außerhalb. @

Centro Turistico Città di Bologna, Via Romita 12/4a, 40127 Bologna, 051/32 50 16, FAX 051/32 53 18, www.hotelcamping.com, info@hotelcamping.com, 5 km (Bus 68), ganzjährig, Ü € 9, Stellplatz € 16, Strom + Warmwasser im Preis enthalten. Vermietung von Chalets & Bungalows: Ü EZ ab € 45, DZ ab € 49, DBZ ab € 69, VBZ ab € 80, genaue Preise lassen sich auf der der Homepage abfragen. Junges, hilfsbereites Team, sehr saubere Sanitäranlagen. (nur bei , nicht im Bungalow) @

✞ **Basilika San Domenico**. Ab 1235 erbaute Begräbniskirche für den 1221 verstorbenen Gründer des Dominikanerordens, San Domenico. Michelangelo fertigte während seines Aufenthalts in Bologna als 20-Jähriger zwei Heiligenfiguren und einen Engel für die Grabstätte des heiligen Dominikus in der Basilika.

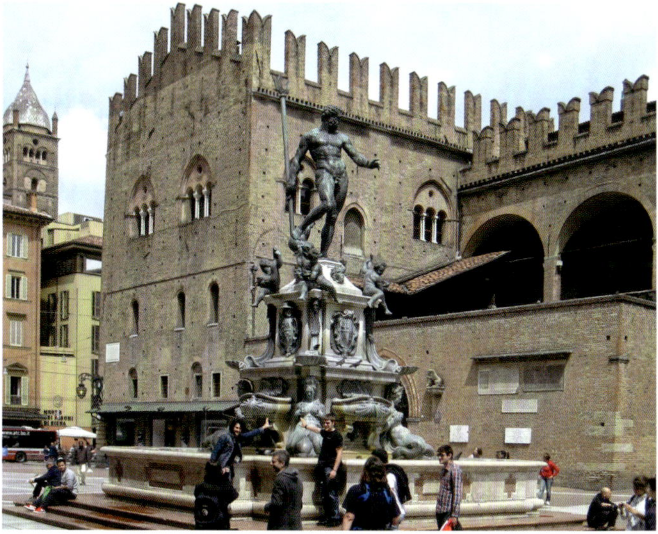

Piazza del Nettuno

Michelangelo

Der Bildhauer, Maler, Dichter und Architekt wurde am 6. März 1475 in Caprese (Toskana) geboren und starb hochbetagt am 18. Februar 1564 in Rom. Gegen den Willen seines Vaters setzte er schon als Kind seinen Wunsch durch, Künstler zu werden, und arbeitete bereits als 13-Jähriger als Assistent für den florentinischen Maler Domenico Ghirlandaio. Doch schon bald wandte er sich der Bildhauerei zu und wurde Schüler in der Bildhauerschule der Medici. Danach war er auf seinem Erfolgsweg nicht mehr zu bremsen. Er arbeitete in Rom, Florenz und Bologna. Sein berühmtestes Werk ist wohl die Deckenmalerei in der Sixtinischen Kapelle in Rom, obwohl er sich immer eher als Bildhauer sah und wahrscheinlich eine seiner Statuen als sein Meisterwerk bezeichnen würde, vielleicht den David in Florenz. Mit großem Respekt behandelte er bei der Arbeit seinen Marmorblock, denn nach seiner Auffassung gab es die Figur bereits im Steinblock und er war nur dazu berufen, das Kunstwerk unter all dem überflüssigen Material zu befreien.

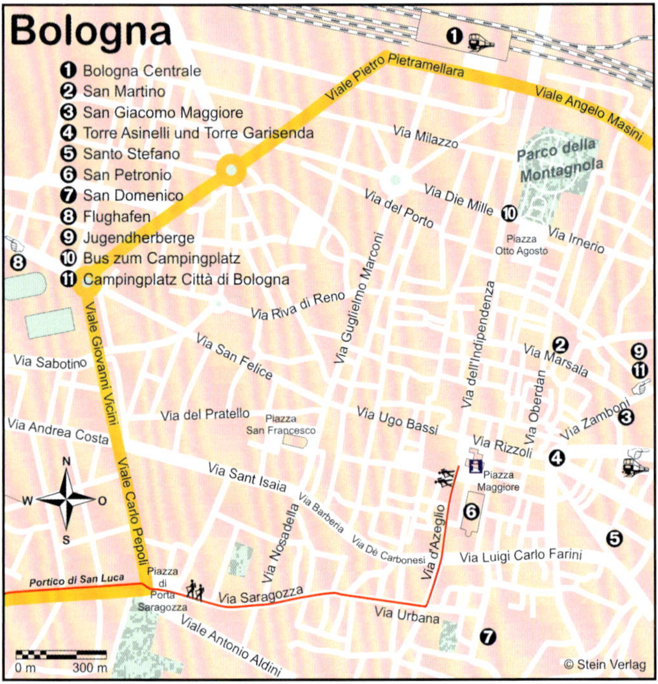

✞ **Basilika San Petronio**. Mit dem Bau der gotischen Kirche wurde 1390 begonnen, aber die Fertigstellung ließ jahrhundertelang auf sich warten. Die Basilika ist knapp 120 m lang und 50 m breit und beherrscht das Bild des Zentralplatzes Piazza Maggiore.

⌘ **Due Torri** werden die beiden Türme **Torre Asinelli** (97,2 m) und **Torre Garisenda** (46 m) genannt. Diese sogenannten Geschlechtertürme stammen aus dem 11.-12. Jahrhundert, als die untereinander verfeindeten Adelsfamilien sich gegenseitig mit möglichst hohen Türmen überboten. Sie dienten neben der Prahlerei auch als Fluchttürme, wenn die Streitigkeiten eskalierten. Der Torre Asinelli kann bestiegen werden, eine prima Trainingsstrecke mit 498 Stufen!

☺ Stadtrundfahrten im offenen Doppeldeckerbus starten stündlich am Neptunbrunnen.

Libreria Accursio Geocenter, Via Oberdan 29/B, ☏ 051/22 09 83, Mo bis Fr 9:30 bis 13:00, Mo, Di, Mi, Fr 16:00 bis 19:30. Spezialbuchhandlung für Reiseliteratur und Landkarten.

Club Alpino Italiano CAI, Via Cesare Battisti 11/A, ☏ 051/23 48 56, cai-bo@iperbole.bologna.it, Di 13:00 bis 19:00, Mi bis Fr 16:00 bis 19:00

Der Busbahnhof liegt 200 m vom Hauptbahnhof entfernt an der Piazza XX Settembre (vom Hauptbahnhof kommend den Platz nach links überqueren). Busverbindungen nach Casalecchio, Sasso Marconi, Monzuno (umsteigen in Vado oder Sasso Marconi) und Madonna dei Fornelli

täglich mehrere Fernverbindungen aus Deutschland, Österreich und der Schweiz, Nahverkehrsverbindungen nach Florenz, Casalecchio und Sasso Marconi

Basilika San Petronio

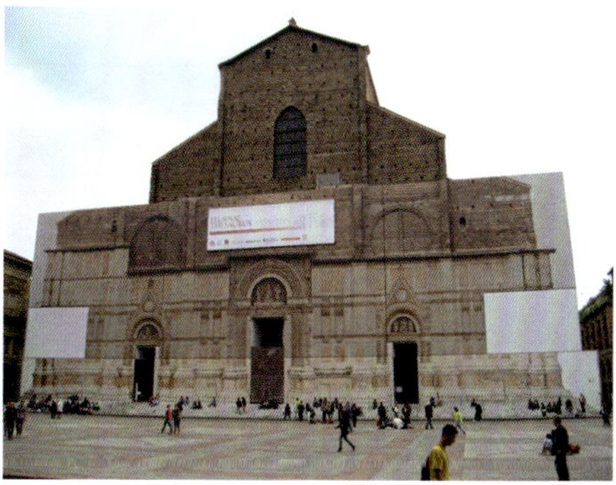

„La grassa e la dotta" - die Fette und die Gelehrte, so wird **Bologna** genannt. Hier vereinen sich Esskultur, Wohlstand und Lebenslust mit jugendlicher Offenheit, Toleranz und Weisheit. Anders als in Florenz sind in Bologna die Touristen zwar herzlich willkommen, bestimmen aber nicht das Stadtbild. Vollkommen selbstverständlich ist es hier für die Einwohner, in einer der ältesten Universitätsstädte der Welt zu leben, die noch dazu reich an Kulturschätzen ist.

Ich sehe davon ab, all die sehenswerten Gebäude, Museen und sonstigen Sehenswürdigkeiten aufzuzählen, die Bologna so sehens- und liebenswert machen. Eine Stadtrundfahrt, ein geführter Stadtrundgang und/oder ein Kunstreiseführer sollten Ihnen den Weg durch die Stadt zeigen, die mit großen Namen wie Kopernikus, Dante, Michelangelo, Petrarca, Paracelsus und Umberto Eco verknüpft ist.

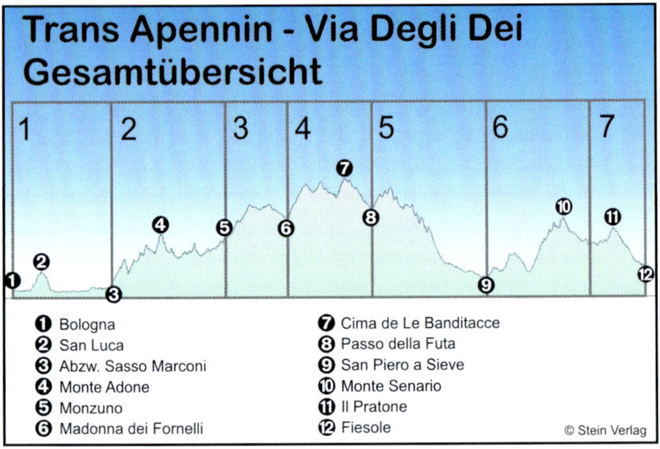

Etappe 1: Bologna - Casalecchio di Reno

➲ 6,4 km, ↑ 240 m, ↓ 237 m, ⇧ 70-269 mNN

0 km	⇧ 74 mNN	Bologna, Touristeninformation
2,9 km	⇧ 73 mNN	Bologna, Porta Saragozza
4,8 km	⇧ 269 mNN	Santuario della Madonna di San Luca
6,4 km	⇧ 81 mNN	Casalecchio di Reno

Aus dem Zentrum Bolognas führt diese Etappe zu einem Arkadengang mit 666 Bögen, dem Sie hinauf zur Basilika folgen. Das ist anfangs ein entspannter Stadtspaziergang, gewinnt aber auf der Treppe hinter der Porta Saragozza schnell sportlichen Charakter. Auf ruhigen Waldpfaden geht es hinab zur Kirche San Martino in Casalecchio di Reno.

Startpunkt dieser Wanderung auf dem Götterweg soll die Touristeninformation in Bologna (N 44° 29.620' E 11° 20.587') sein. Sie ist unabhängig von der Anreiseart und der Unterkunft leicht zu erreichen. Auf der Piazza Maggiore gehen Sie rechts von der Basilika San Petronio die Via d'Azeglio entlang. Nach etwa 500 m, hinter dem Adelspalast Bevilacqua, biegen Sie rechts ab und folgen der Via Urbana. Sie wird im weiteren Verlauf zur Via Saragozza und bringt Sie zur Piazza di Porta Saragozza. Dieses rote Stadttor gehört zur mittelalterlichen Stadtbefestigung und wurde im 13. Jahrhundert als südwestliche Stadtgrenze errichtet.

Der Portico di San Luca, der in 666 Arkaden an der Straße entlangführt, leitet Sie von dort weiter hinauf zur Basilika San Luca. Zunächst verläuft er auf der Via Saragozza als überdachter Gehweg entlang der Läden, dann wechselt er an der **Porta Saragozza** die Straßenseite und führt parallel zur Via San Luca etwa 2 km über Treppen den Berg hinauf.

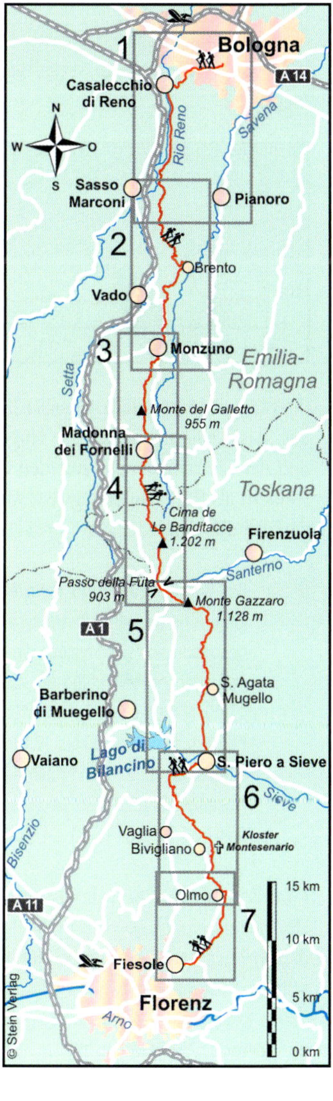

Teuflischer Anstieg zur Basilika

Der Portico di San Luca, die vermutlich längste Arkade der Welt (3,7 km), führt im hinteren Teil steil und mit vielen Stufen auf dem Colle della Guardia zur Basilika San Luca hinauf. Es sollen 666 Bögen sein, die Nummern hören aber bei 668 auf. Wie kann das sein? Nein, Sie haben keine Zählschwäche! Und der Autor des Reiseführers, in dem Sie von einem Arkadengang mit

666 Bögen gelesen haben, auch nicht! Als die Bögen durchnummeriert wurden, hat man die Zahlen 13 und 18 ausgelassen, weil sie damals als Zahlen des Teufels galten. Heute ist der Bogengang eine beliebte Trainingsstrecke für Jogger.

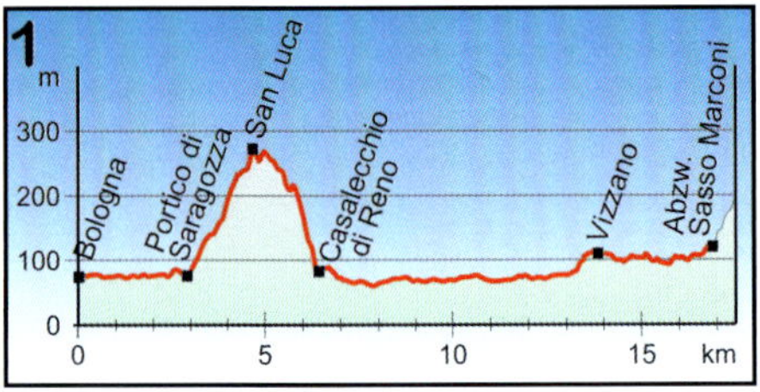

Der Bogengang führt direkt zur Basilika San Luca, dem weithin sichtbaren Wahrzeichen der Stadt. Das heutige Kloster Santuario della Madonna di San Luca liegt auf dem Hügel **Monte della Guardia** (Berg der Wache). Historiker gehen davon aus, dass keltische Gallier den Hügel als Kultstätte nutzten, bevor die Römer und die Christen kamen. Wer den Götterweg nicht als Weitwanderweg läuft, sondern als Pilger unterwegs ist, wird sich in San Luca den Segen für die Pilgerfahrt abholen.

✞ Die Basilika **Santuario della Madonna di San Luca** wurde 1194 durch eine junge Christin namens Angelica als Frauenkloster gegründet. Als im Mittelalter besonders viele Rompilger die Region bereisten, wurde das Kloster erweitert und erlangte Bedeutung als Wallfahrtsort. Mo bis Sa: Nov bis Feb 6:30 bis 17:00, März bis Okt 6:30 bis 19:00, Heiligtum 12:30 bis 14:30 geschlossen, So, Fei: Nov bis Feb 7:00 bis 17:00, März bis Okt 7:00 bis 19:00, Messe Mo bis Sa 7:30, 9:30, 10:30, Sa/Vorfeiertag 16:30 (Nov bis Feb) bzw. 17:30 (März bis Okt), Rosenkranz 15:30, So/Fei Messe 8:00, 9:00, 10:30, 12:00, 16:15, 17:30, Laudes 7:30, Vesper 15:30

Das Marienbild des Evangelisten

Der Legende nach soll das in der Klosterkirche des Santuario della Madonna di San Luca verehrte Marienbildnis vom Evangelisten Lukas gemalt worden sein. Im Zusammenhang mit seinen Ikonen wurde zu allen Zeiten von besonderen Kräften und Wundern gesprochen. Ein griechischer Mönch soll später die göttliche Weisung erhalten haben, die Ikone nach Bologna zu bringen.

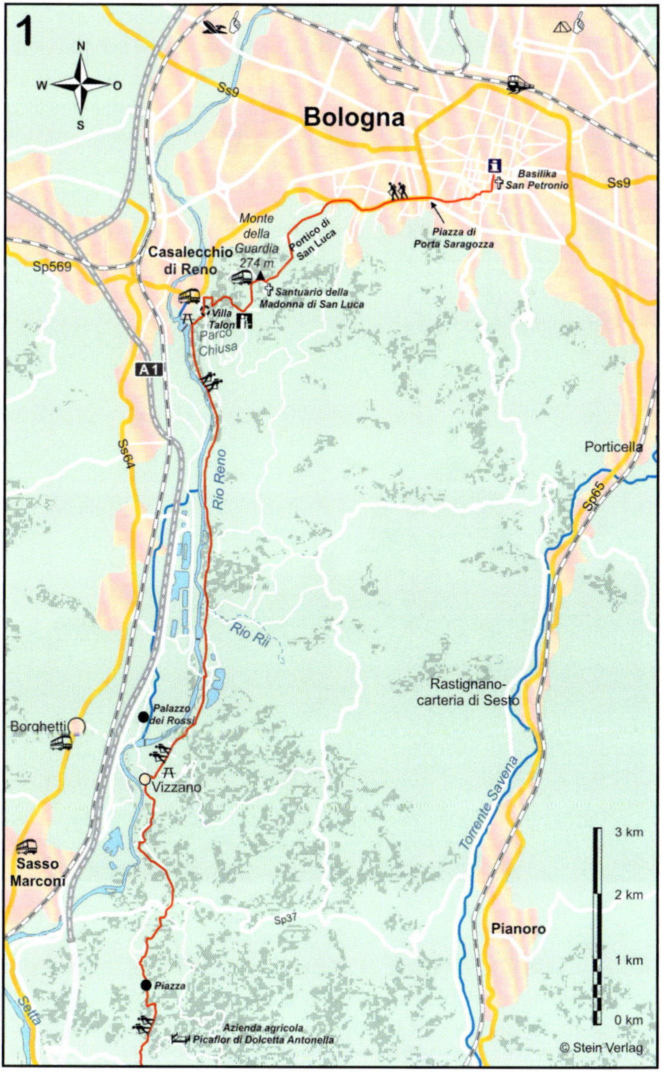
1
N
W
O
S
Ss9
Bologna
Basilika San Petronio
Ss9
Monte della Guardia 274 m
Portico di San Luca
Piazza di Porta Saragozza
Casalecchio di Reno
Sp569
Santuario della Madonna di San Luca
Villa Talon
Parco Chiusa
A1
Ss64
Rio Reno
Porticella
Sp65
Rio Rii
Rastignano-carteria di Sesto
Palazzo dei Rossi
Borghetti
Vizzano
Torrente Savena
3 km
2 km
1 km
0 km
Sasso Marconi
Sp37
Pianoro
Piazza
Setta
Azienda agricola Picaflor di Dolcetta Antonella
© Stein Verlag

Dabei führte ihn ein italienischer Gesandter von Konstantinopel (heute Istanbul) nach Bologna. Mit dem Bild werden in den Erzählungen der Alten einige Wunder verbunden. 1433 soll es in einer langen Dürrezeit von den Bolognesern um Hilfe angefleht worden sein und den rettenden Regen geschickt haben - oder aber nach anderen Quellen im selben Jahr bei ungewöhnlich heftigen Regenfällen in der gesamten Region ausgerechnet Bologna verschont haben. Egal wie es war, jedenfalls soll das Marienbild die Bologneser in jenem Jahr vor einer Hungersnot geschützt haben. Aus Dank dafür findet noch heute jedes Jahr eine Dankprozession statt.

Weithin sichtbar - San Luca

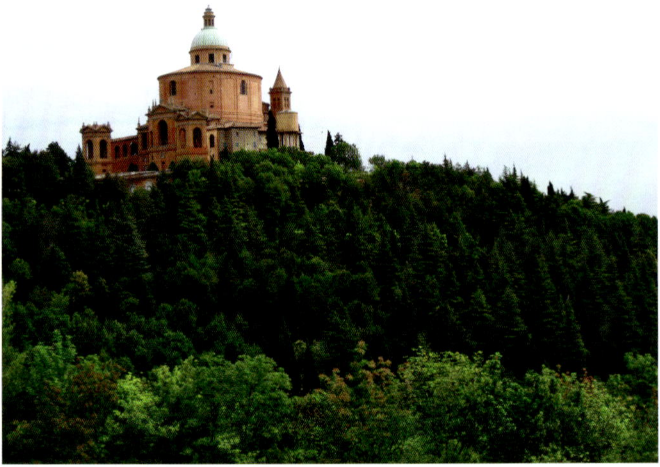

Steigen Sie nach der Kirchenbesichtigung oder dem Besuch der Messe die Freitreppe hinab und gehen Sie geradeaus durch das Eisentor. Links ist eine 💧 Wasserstelle mit Trinkwasser. Hier finden Sie die erste CAI-Markierung in rot-weiß-rot für den Weg 112A und überqueren die Piazzale Giovanni Battista Nasalli Rocca (N 44° 28.765' E 11° 17.806').

Bus 58 von/nach Bologna, 2x stündlich

Bimmelbahn San Luca Express, von der Piazza Malpighi über die Porta Saragozza nach San Luca und zurück, März bis Nov, Details auf www.cityredbus.com

Am Ende des Platzes folgen Sie geradeaus der Via di Monte Albano.

Pizzeria San Luca, www.vito.it, Mo, Mi bis Sa 12:00 bis 1:00, So/Fei 9:00 bis 24:00,

Auch am Ende des Busparkplatzes wandern Sie weiter geradeaus. Hier sind rechts erstmals die zwei gelben Punkte zu sehen, die den Götterweg markieren. Sie passieren dort die Station 14. Sie gehört zu einem Kreuzweg von San Martino hinauf nach San Luca, der Götterweg führt dem Kreuzweg also entgegen. An der Einfahrt zum Pkw-Parkplatz laufen Sie geradeaus der Einbahnstraße entgegen und passieren die Stationsbilder 13 und 12. Der Götterweg führt am Straßenrand bergab bis kurz hinter die Kreuzwegstation 11 (58), dort nehmen Sie rechts den Fußweg neben dem Eisentor (Vigna Margherita 9). Sie steigen vier Stufen hinab zu einer Einfahrt.

Via Brègoli

Der Fußweg, den Sie nun den Berg hinab nehmen, nennt sich Via Brègoli. Dies ist der historische Pilger- und Wallfahrtsweg nach San Luca. Auch heute noch gehen viele Bewohner von Casalecchio auf diesem Weg hinauf zur Basilika. In der Touristeninformation wird er auch den Urlaubern als reizvoller Wanderweg empfohlen.

Seit Eröffnung der Bahnstrecke von Bologna über Casalecchio nach Vagnola im Jahr 1888 ist es Brauch, am Ostermontag von Bologna nach San Luca zu wandern, dort zu beten und auf der Via dei Brègoli nach Casalecchio hinabzusteigen. Von dort geht es mit der Bahn zurück nach Bologna.

Auf diesem Schotterweg laufen Sie an Station 10 vorbei und durch eine Rechtskurve. Auf dem Weg zur nächsten Kreuzwegstation bietet sich ein schöner Fernblick hinab nach Casalecchio di Reno. An diesem Aussichtspunkt teilt sich der Weg. Beide Wege führen bald darauf wieder zueinander,

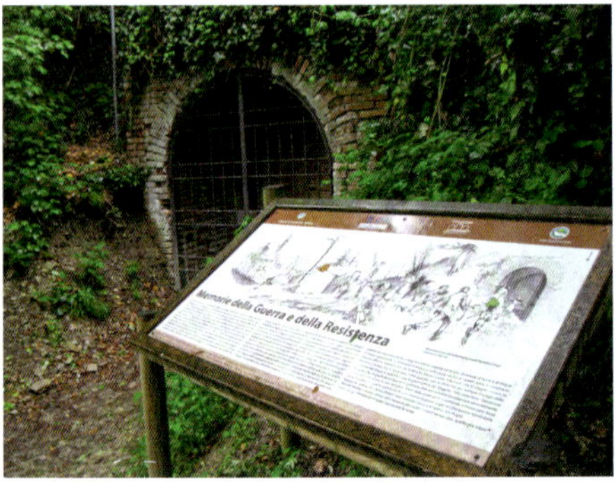

Rifugio Antibomba Ettore Muti

sie sind etwa gleich lang, gleich steil und gleich schön. Ich beschreibe für Sie den Weg rechtsherum, weil dort mehr Schatten zu finden ist. Gehen Sie also rechts wieder auf dem Kreuzweg durch den dichten Wald. An Station 3 biegen Sie scharf rechts ab. Hier kommt von links der zuvor erwähnte Alternativweg dazu. Sie passieren den Bunker Ettore Muti aus dem Jahr 1943 und laufen an der Mauer von San Martino auf grobem Kopfsteinpflaster zum Beginn des Kreuzweges und zur Kirche San Martino am Ortsrand von

Casalecchio di Reno

Koordinate N 44° 28.620' E 11° 17.103' (San Martino)

B&B Nel Parco, Via F. Baracca 4/9, 40033 Casalecchio di Reno, ☏ 051/587 77 82, 340/675 38 54, bbnelparco@fastwebnet.it, ➲ 200 m, 6 Betten, geteiltes Bad, ÜF EZ € 35, DZ € 65, DBZ € 80, geschlossen im Jul/Aug. Die Inhaber sprechen Deutsch. @

♦ **Tramvia**, Via Marconi 31, 40033 Casalecchio di Reno, ☏ 051/57 50 44, 388/107 13 47, www.tramvia.it, info@tramvia.it, ➲ 500 m, 3 FeWo, Ü EZ € 60, DZ € 70, DBZ € 90, Vierbett-FeWo € 100, (☺ Götterweg-wanderer können hier stilecht in Zimmern schlafen, die nach den Göttern Apoll, Venus, Bacchus, Athena und Olymp benannt sind.)

♦ **Alle Porte di Bologna**, Via don Minzoni 11, 40033 Casalecchio di Reno, ☏ 051/57 42 85, 348/74 71 49, www.alleportedibologna.it, info@alleportedibologna.it, ➲ 800 m, 8 Betten in 2 Apartments, Ü EZ € 35-70, DZ € 50-90, DBZ € 75-120, VBZ € 100-150, @

Der Bus 20/62 von/nach Bologna Autostazione hält ➲ 50 m vom Parkeingang entfernt unterhalb des Kirchengrundstücks.

Casalecchio di Reno ist eine typische Kleinstadt im Schatten einer Großstadt. Mit ihren knapp 37.000 Einwohnern hätte sie auf dem Land einen ganz anderen Stellenwert. Der Ortsname Casalecchio leitet sich vom römischen Casaliculum (= Weiler) ab. Bis zurück in die Altsteinzeit lassen sich menschliche Siedlungsspuren auf dem Stadtgebiet nachweisen. Spätere Bewohner erlebten hier unruhige Zeiten, Völkerwanderung, Plünderungen und Kriege, aber auch die industrielle Revolution hinterließen ihre Spuren. In der jüngeren Geschichte rückte Casalecchio noch einmal in den Blickpunkt der Öffentlichkeit, als 1990 ausgerechnet am Nikolaustag ein Militärflugzeug auf die städtische Realschule stürzte und dabei 12 Schüler tötete und 88 weitere zum Teil schwer verletzte.

Nie hätte ich gedacht, dass ich so etwas einmal in einem Wanderführer mache, aber für alles gibt es ein erstes Mal: Ich empfehle Ihnen, von Casalecchio di Reno nach Borghetti (20 Min.) oder Sasso Marconi (25 Min.) mit dem Bus zu fahren. Nicht prinzipiell, aber vielleicht, wenn es an einem der vergangenen Tage geregnet haben sollte. Wir waren an einem trockenen Frühsommertag nach vier trockenen Tagen unterwegs und haben über matschige Passagen geflucht. Von anderen Wanderern und Einheimischen haben wir erfahren, dass die Wanderung bei und nach Regen auf dem flussnahen, ebenen Stück zu einer wahrlich unangenehmen Schlammschlacht werden kann.

Etappe 2: Casalecchio di Reno - Sasso Marconi

10,5 km, ↑ 168 m, ↓ 124 m, ⇧ 59-122 mNN

Karte Seite 65 und Höhenprofil Seite 64

0 km	⇧ 81 mNN	Casalecchio di Reno
5,3 km	⇧ 73 mNN	Wehr im Reno
7,7 km	⇧ 107 mNN	Vizzano
7,9 km	⇧ 98 mNN	Abzweig Borghetti und Palazzo dei Rossi
10,5 km	⇧ 122 mNN	Abzweig Sasso Marconi

Lassen Sie sich vom Höhenprofil nicht täuschen! Diese Etappe hat es in sich. Anfangs führt sie noch ganz harmlos durch einen Park und Auenlandschaft. Doch schon bald wünscht sich manch ein Wanderer einen steilen Anstieg - nur um dem ermüdenden Laufen durch den aufgeweichten Untergrund zu entgehen. Das letzte Stück der Etappe verläuft entspannt auf breiten Schotter- und Fahrwegen.

Ab San Martino folgen Sie den Markierungen für den CAI-Weg 112 nach links durch den **Parco Chiusa**, einen weitläufigen Park, der im Sommer als Ausflugsort beliebt ist. Der Weg führt zunächst eine breite Kastanienallee entlang, wird schmaler und passiert eine kleine Ruine, eine Wasserstelle und die Ruine der **Villa Talon**, einem Adelssitz aus dem 17. Jahrhundert, der im Zweiten Weltkrieg stark beschädigt wurde. Sie treffen auf einen Teerweg, dem Sie nach links folgen. Biegen Sie nach 30 m rechts auf den Schotterweg und nehmen Sie nach 10 m an einer dreifachen Gabelung den mittleren der drei Waldwege. An der nächsten Wegkreuzung gehen Sie geradeaus und überqueren eine Wiese auf einem schmalen Pfad. Sie passieren einen Picknicktisch und ignorieren den Weg von rechts.

An der nächsten Wegkreuzung gehen Sie rechts bis zu dem Picknicktisch am Wehr. Dort biegen Sie links ab und laufen am Holzzaun entlang dem Fluss entgegen. Nun müssen Sie nur immer geradeaus auf dem Hauptweg bleiben, denn viele Pfade führen nach rechts zum Fluss.

Der Weg führt rechts von einer großen Wiese durch einen angenehm schattigen Wald. Viele verschiedene Vogelstimmen sind zu hören. An der Gabelung mit den zwei Pappelalleen folgen Sie der linken Allee, dabei unterqueren Sie eine Stromleitung. Der Weg führt im weiteren Verlauf ganz dicht an den Fluss heran. An der nächsten Gabelung gehen Sie rechts und unter einer **Fußgängerbrücke** (Achtung! Sehr niedrig, Kopf einziehen!) hindurch. An der folgenden Gabelung nehmen Sie den linken, also oberen Weg und gehen an der nächsten Gabelung rechts zurück zum Ufer.

Die Gegend, durch die Sie nun laufen, ist keine Parklandschaft mehr, sondern wirkt wegen der mit Wasser gefüllten Senken und Rinnen eher wie ein Sumpfgebiet. In dieser Auenlandschaft in Flussnähe wachsen Erlen, Weiden, Eschen und Pappeln, darunter eine üppige Mischung aus Büschen, Farnen, Nesseln und Wildkräutern. Sonntagsausflügler begegnen Ihnen hier nicht mehr.

Der nun folgende Abschnitt ist nach Regenfällen sehr matschig, im Frühjahr zum Teil sogar überflutet. Entsprechend widersinnig erscheinen mitten im Wald die Verkehrsschilder, welche die Durchfahrt verbieten, obwohl hier ohnehin nicht einmal Crossräder durchkommen könnten.

Matsch, Matsch, Matsch

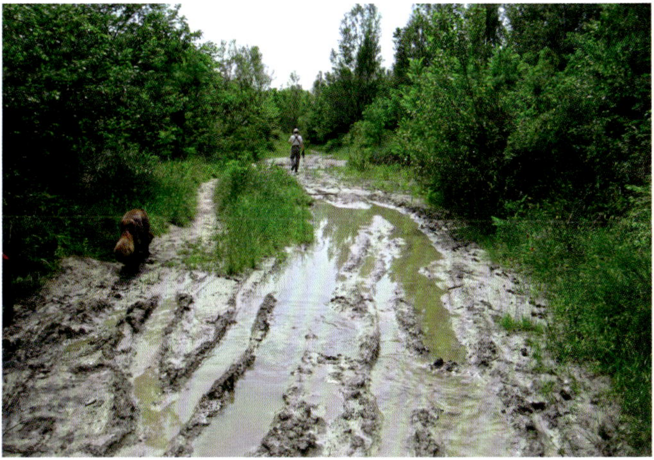

Hinter den Schildern biegen Sie rechts ab, der Weg schlängelt sich durch den Matsch. Das Gelände ändert nun seinen Charakter, wird offener und parkähnlich, aber die Bodenbeschaffenheit wird in den Regenmonaten nicht viel besser oder gar trockener.

Sie unterqueren eine weitere Stromleitung, danach wird der Bewuchs zunächst dichter, dann wieder lichter. Wenn es dann erneut ins Gebüsch geht, halten Sie sich in dem Gewirr der vielen Pfade eher rechts. Sie laufen an einer Abbruchkante parallel zu einem Flussarm durch hohen Wald mit dichtem Unterholz.

Nun gilt es, das (meist) trockene Bachtal des **Rio Rii** zu durchqueren, danach führt der Weg wieder durch matschiges Buschland. Der Pfad trifft auf eine Gabelung, von der zwei breitere Wege weiterführen. Hier folgen Sie dem rechten, also unteren Weg. Er verläuft hinter einem Bach parallel zu einem

Zaun mit dicken Eisenbahnschwellen. Wenn Sie etwa 2 Std. nach dem Passieren der Ruine der Villa Talon ein Wehr erreichen, folgen Sie der Piste halb rechts. Den nach rechts abzweigenden Weg nach 100 m ignorieren Sie und gehen weiter geradeaus.

Nach einer kleinen Steigung kommen Sie an einen Stacheldrahtzaun, hier halten Sie sich rechts und laufen auf der breiten Schotterpiste weiter. Linker Hand liegt ein See, der langsam verlandet. Er ist auf einigen Karten viel größer eingezeichnet, als er in natura ist. Folgen Sie der Leitplanke nach links und biegen Sie vor dem Tor rechts ab. Dieser Schotterweg passiert das Gebäude von Oasi S.A.P.A.B.A. San Gherardo-Ricone, eine Infotafel und einen Gedenkstein für 15 Zivilisten, die hier am 08.09.1944 durch die SS getötet wurden. Das Gelände des ehemaligen Kieswerkes wird momentan zum Naherholungsgebiet umgebaut.

Der Weg ist nun geteert und führt an einer Villa vorbei durch den Wald bergauf. Hier beginnt eine idyllische Hügelkette, die den weiteren Weg prägen wird. Mit Blick ins Reno-Tal wandern Sie bis zum Stoppschild und dort noch geradeaus zwischen den Häusern von **Vizzano** hindurch. Rechts bietet sich unter den Zedern ein Picknicktisch für eine Rast an. Nun folgen Sie der Straße durch eine Rechtskurve und zu einem Stoppschild (N 44° 24.736' E 11° 16.445').

↳ Hier führt die Straße rechts als Wanderweg 112 zu einer Hängebrücke über den Reno und von dort als Wanderweg 102 nach **Borghetti** ➲ 1,3 km ✕ 🍷 🚌.

⌘ **Palazzo dei Rossi**: Das Herrschaftshaus mit den an eine Burg erinnernden Zinnen wurde ursprünglich von Bartolomeo Rossi im 15. Jahrhundert gebaut, später mehrfach umgebaut und renoviert. Heute ist es ein beliebtes Ausflugslokal: ✕ **La Locanda del Castello**, 🚪 12:00 bis 16:30, 18:30 bis 1:00, Di Ruhetag

Der Götterweg führt an diesem Stoppschild nach links auf der Via Vizzano Richtung Sasso Marconi. Hier ist der Weg mit VD oder Via degli Dei gekennzeichnet.

Auf der Straße passieren Sie einen Friedhof ♦. Hinter ein paar Häusern führt die Straße durch einige Kurven bergauf. Am Ende einer langen Links-

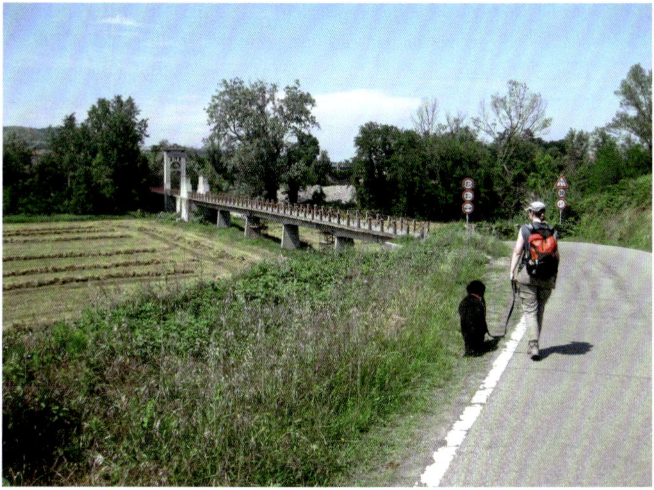

Abstecher zur Hängebrücke nach Borghetti

kurve verlassen Sie sie und folgen dem Weg scharf rechts. Er verläuft eine Weile parallel zu dem Provinzsträßchen und führt dann wieder darauf zurück - an feuchten Tagen ist vielleicht die (wenig befahrene!) Straße die bessere Wahl. In jedem Fall treffen Sie am Ende der Straße auf die SP37. Hier ist ein guter Abholpunkt für den Gastgeber oder Taxifahrer, falls Sie im Ort Sasso Marconi übernachten und sich abholen lassen (N 44° 23.719' E 11° 16.782').

Sasso Marconi

➲ 2,5 km

Ufficio Turistico Sasso Marconi, Via Porrettana 312, 40037 Sasso Marconi, ☏ 051/675 84 09, FAX 051/675 84 08, 💻 www.infosasso.it, ✉ info@infosasso.it, Di bis Sa 9:30 bis 14:00, Di bis Fr 15:00 bis 19:00

B&B Prati di Mugnano, Via Vizzano 6, 40037 Sasso Marconi, ☏ + FAX 051/84 11 09 (it.), 📱 349/211 39 28 (frz. + engl.), 💻 www.pratidimugnano.it, ✉ pratidimugnano@gmail.com, ➲ 400 m (auf der SP37 nicht schon am gelben Haus abbiegen, sondern erst 100 m dahinter der Zufahrt zum B&B folgen -

wer auf Nummer sicher gehen will: N 44°23.362' E 11°16.288'), Bauernhaus aus dem 19. Jahrhundert mit zwei Apartments mit je 4 Betten, ÜF EZ € 65, DZ € 75, weitere Person € 10, bei Vorlage dieses Götterweg-Wanderführers bekommen Sie Rabatt. Garten mit Hängematte, Liegestuhl und Chaiselongue, gefrühstückt wird im Sommerpavillon. Inhaberin lässt sich zu ■ überreden, bietet ihn aber nicht offen an.

Albergo Ristorante La Bettola, Via Porrettana 423, 40037 Sasso Marconi, ☏ + FAX 051/675 23 77, hotel-ristorantelabettola@hotmail.it, ➲ 2,8 km, 20 Betten, Spezialpreis für Götterwegwanderer: EZ € 40, DZ € 60, DBZ € 80, VBZ € 100,

♦ **Hotel Ristorante l'Oasi**, Via Setta 7, 40037 Sasso Marconi, ☏ 051/84 16 08, FAX 051/675 18 27, www.loasi.biz, info@loasi.biz, ➲ 2,8 km, 20 Betten, ÜF EZ € 65-95, DZ € 85-120, DBZ € 100-135, Zustellbett € 35, @ (nur kleine Hunde). Lesertipp: „angenehmes Haus, sehr gutes Essen"

♦ **Hotel Tre Galletti**, Via Ziano di Sotto 18, 40037 Sasso Marconi, ☏ 051/84 11 28, www.tregalletti.com, info@tregaletti.com, ➲ 3,9 km (an der Autobahnausfahrt südlich des Ortes), 40 Betten, ÜF EZ € 80, DZ € 120, @

♦ **B&B Alla Cervetta**, Via Porrettana 397, 40037 Sasso Marconi, ☏ 051/84 25 72, 338/605 36 11 + 333/315 62 49, www.allacervetta.it, gcorti1@virgilio.it, ➲ 3 km, 5 Betten, ÜF EZ € 20-50, DZ € 40-60, DBZ € 45-85,

♦ **B&B Al Sasso**, Via Porrettana 555, 40037 Sasso Marconi, ☏ 051/84 29 31, FAX 051/675 14 68, 339/660 85 15, www.alsasso.it, ➲ 3,2 km, ÜF EZ € 35, DZ € 50, DBZ € 60, VBZ € 70

⌘ **Villa Griffoni-Marconi**: Marconi-Museum im Geburtshaus des Nobelpreisträgers, Zutritt nur auf Anfrage und mit Führung. Kontakt: Fondazione Guglielmo Marconi, ☏ 051/84 61 21, FAX 051/84 69 51

Linien 92, 706, 826, 827 und 856 von/nach Bologna, Casalecchio di Reno und Monzuno

auf der Piazza dei Martiri

Natur und Kultur standen Pate bei der Namensgebung dieser Gemeinde: **Sasso** della Glosina ist eine Felswand am Zusammenfluss von Reno und Setta. Der Wissenschaftler und Unternehmer Guglielmo **Marconi** (1874-1937) erhielt 1909 zusammen mit dem Deutschen Ferdinand Braun den

Nobelpreis für Physik. Marconi gilt als der Vater der drahtlosen Kommunikation. Nach seinem Tod wurde weltweit der Funkverkehr für zwei Minuten ausgesetzt. Fast in jeder italienischen Stadt ist eine Straße nach ihm benannt, außerdem tragen ein Asteroiden, ein Mondkrater, der Flughafen von Bologna und eben auch die Gemeinde **Sasso Marconi** seinen Namen.

Etappe 3: Sasso Marconi - Badolo

4,6 km, ↑ 437 m, ↓ 183 m, ⇧ 121-391 mNN

0 km	⇧ 122 mNN	Abzweig Sasso Marconi
3,1 km	⇧ 248 mNN	Straße
4,6 km	⇧ 375 mNN	Badolo

Ein wunderschöner Wandertag auf engen und stillen Waldpfaden erwartet Sie auf dieser Etappe. Nur eine Straße wird berührt. Allerdings ist dieser Abschnitt wegen seiner Steigungsstücke auch ziemlich anstrengend.

Folgen Sie der Straße für etwa 250 m nach rechts. In einer Rechtskurve gehen Sie dann unmittelbar hinter einem gelben Haus links in den Grasweg hinein und folgen ihm parallel zu einem Zaun bis zu einer Gabelung. Dort nehmen Sie den rechten Weg, er entfernt sich vom Zaun und wird schmaler. Dieser Pfad führt nun bergauf und ist als VS und 122A markiert. Außerdem sind hier auch die zwei Punkte der Götterwegmarkierung zu finden. Der Weg führt bergauf und rechts von einer Bergwiese weiter bergauf.

Sie durchqueren einen Bauernhof und halten sich auf der im Frühsommer köstlich nach Kräutern duftenden Wiese eher rechts. Am Ende des Pfades gehen Sie auf dem Feldweg 10 m nach rechts, dann an der Laterne auf dem Schotterweg nach 60 m links auf einem mitunter nur fußbreiten Pfad bergauf bis zu einem Schotterweg. Diesem folgen Sie nach links durch offenes Grasland Richtung **Piazza** (so heißt der Weiler).

Ein Blick zurück zeigt Ihnen, dass der Götterweg hier auf einem Kamm zwischen zwei Tälern verläuft. An der folgenden Gabelung gehen Sie rechts, also weiter auf dem steinigen Weg bergauf (Markierung Bo-Fi). Ein kurzes

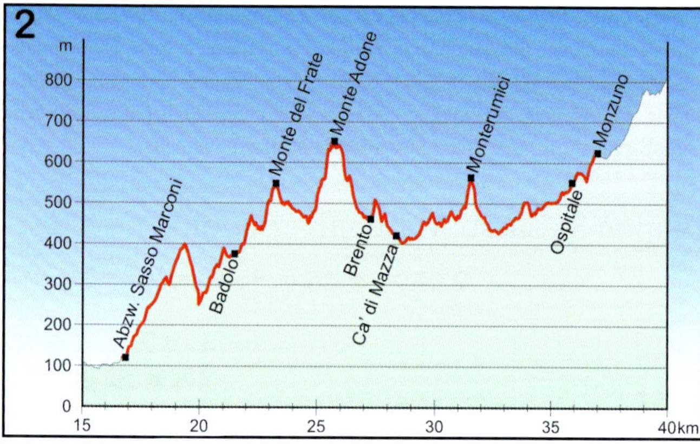

Teerstück führt an dem Hof **Piazza** vorbei. Hier halten Sie sich links auf dem sandigen Weg zwischen den Bergwiesen und dem Wald.

Der Weg führt nun wieder in den Wald hinein. An der Gabelung gehen Sie links, bleiben also auf dem breiteren Weg. Hinter der ersten Rastbank bleiben Sie noch auf dem breiten Weg, er beschreibt an einer zweiten Bank eine Linkskurve. Etwa 100 m dahinter folgen Sie an der Gabelung rechts dem breiteren Weg. Er macht einen Rechtsbogen bergauf und um die dritte Bank herum.

Bald laufen Sie wieder am Waldrand am unteren Ende einer Bergwiese entlang, danach folgt erneut ein Waldstück. In diesem sehen Sie in einer Rechtskurve scharf links den mit Bo-Fi markierten Pfad. Diesen ignorieren Sie aber und gehen 50 m weiter geradeaus bis zu einer Wegkreuzung (Località Comenda 384 m).

Azienda Agricola Picaflor di Dolcetta Antonella, Via delle Orchidee 5 (zur Suche mit dem iPhone/Android: Via della Torricella ist der alte Name dieser Straße), 40037 Sasso Marconi, 347/714 35 91, www.lavandadipicaflor.it, andolc@tin.it, 300 m, 4 Betten, ÜF im EZ € 50, im DZ € 40, im Matratzenlager mit 4 Matratzen € 20, Abendessen € 15. nach tel. Voranmeldung bei Elena (393/388 10 76 00). Die Inhaber sprechen Englisch. Lavendel- und Olivenfarm mit großem Garten.

Ab hier folgen Sie dem Weg VS110 Richtung Brento, also zunächst geradeaus bergab und an der nächsten Gabelung links, dann in Serpentinen bergab bis zur Straße. Dieser Abschnitt ist sehr steil, also ist Vorsicht angeraten, besonders bei feuchter Witterung und/oder mit Kindern.

Folgen Sie nun der soeben erreichten Straße nach links und gehen Sie direkt hinter der Brücke über den Bach Fosso Raibano erneut nach links. Zur Orientierung: Der Gipfel des Hügels **La Rocca** (476 m) muss rechts des Weges liegen. Sie kommen zu einer alten Quellfassung und folgen dem Weg bergauf parallel zum Bachlauf. Später wird der Weg steiler und entfernt sich vom Bach. Hinter dem auffälligen Sandsteinfelsen wird er wieder flacher und führt an einem Zaun entlang durch dichtes Gestrüpp.

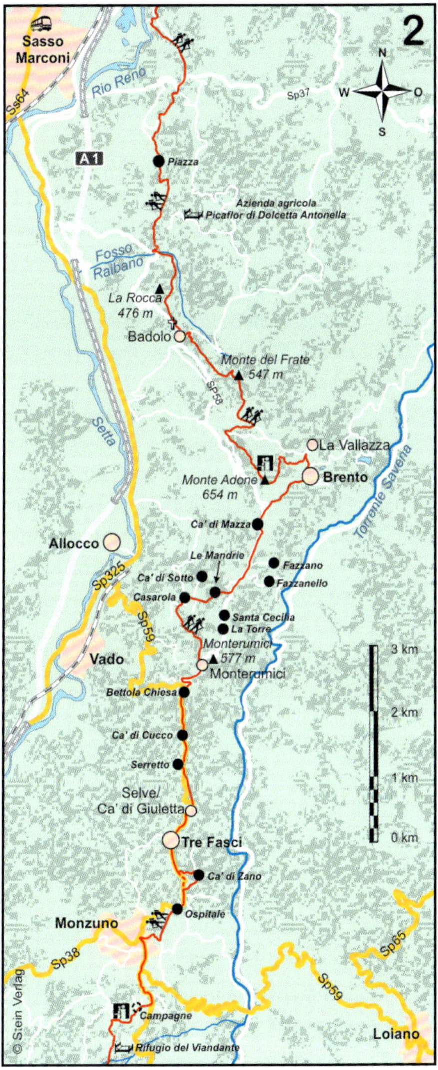

Sie passieren eine Ruine und laufen am Waldrand neben einer Margeritenwiese zum Friedhof von Badolo. Dessen Zufahrt bringt Sie hinauf zur Kirche von

Badolo

Koordinate N 44° 21.698' E 11° 16.646' (Kirche)

B&B Nova Arbora, Via di Badolo 35, 40037 Badolo, ☏ 051/84 75 81, www.novarbora.com, info@novarbora.com, 400 m (östlich des Ortes direkt am CAI 122, der weiter südlich wieder auf den Götterweg trifft), ÜF EZ € 35-45, DZ € 55-95

♦ **La Casetta di Badolo**, Via Brento 6, 40037 Badolo, 338/453 93 70, Jan bis Sep, 150 m, 6 Betten, Preise nur auf Anfrage, Inhaber sprechen ausschließlich Italienisch!

Antica Hosteria della rocca di Badolo, Via Brento 4, ☏ 051/84 75 06, www.hostariadibadolo.it, etwas unzuverlässig geöffnet (besser vorher anrufen), meist 12:00 bis 14:00 und ab 18:00, Mo Ruhetag, aber Brunnen zugänglich. Von der Terrasse der Hosteria haben Sie einen umwerfenden Panoramablick ins Settatal, die Inhaber sind hilfsbereit und das Essen köstlich. Kein Wunder also, dass dies ein beliebtes Ausflugslokal ist. Im Garten wird mitunter das Zelten erlaubt. Fragen kostet nichts!

Etappe 4: Badolo - Brento di Monzuno

5,8 km, 411 m, 326 m, 373-608 mNN

Karte Seite 77 und Höhenprofil Seite 76

0 km	375 mNN	Badolo
3,2 km	450 mNN	Einzelhof
4,3 km	608 mNN	Monte Adone
5,4 km	477 mNN	La Vallazza
5,8 km	459 mNN	Brento di Monzuno

Viele Götterwegwanderer sagen, dies sei für sie die schönste Etappe des Götterweges. Anfangs geht es steil den Monte del Frate hinauf. Doch bevor es zu anstrengend wird, führt die Via degli Dei sehr viel sanfter über eine

Hochebene. Nach einem zweiten Anstieg wandern Sie auf einem Höhenweg mit herrlichen Fernblicken zum Monte Adone und hinab nach Brento.

An der Kirche treffen Sie auf eine Straße, der Sie nach links folgen. Rechts zweigt nun die Straße nach Brento ab, hier geht es zum Gasthaus und zum B&B. Der Götterweg führt aber erst weiter auf der SP58 leicht bergauf und erst nach gut 100 m in einer Rechtskurve scharf rechts bergauf Richtung Brento/Monte Adone (Markierung 110). Schon bald führt ein Pfad links vom breiten Weg weg und den **Monte del Frate** hinauf. Der Pfad ist sehr steil, oft sind Stufen in den Fels gehauen. Hier kann es sein, dass Sie kleineren Mitwanderern beim Erklettern der höheren Stufen helfen müssen. Uns berichteten andere Wanderer, dass sie ihrer nur 155 cm großen Wanderkollegin geholfen haben, bei uns waren es die Hunde, die hinaufgeschoben werden mussten.

An der Pfadgabelung gehen Sie links (Markierung 110) und erreichen nach einigen schönen Ausblicken zurück nach Badolo und ins Tal eine Hochebene. Der Weg führt am Steilhang leicht bergab, dann weiter geradeaus. An

Durch blühenden Ginster hinauf zum Monte Adone

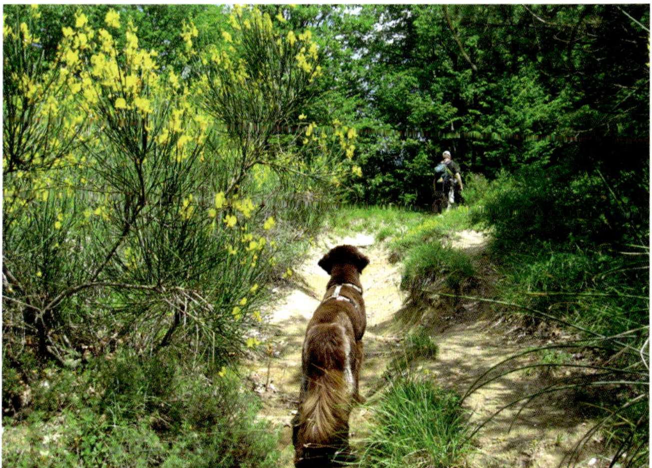

einer Gabelung nehmen Sie den rechten Weg, er wird bald zum Pfad. Mitunter verliert er sich im Wald und ist nur noch an den roten Markierungen zu erkennen. Er führt bald bergab.

Auch an der nächsten Gabelung gehen Sie bergab, also geradeaus bis zu einer Wiese, an deren linkem Rand Sie nun bergauf laufen. Sie erreichen einen Feldweg. Hier wandern Sie rechts zum Hof hinauf, dort links und weiter auf der Zufahrt geradeaus.

An der Hofeinfahrt lassen Sie den Schotterweg links liegen und nehmen direkt dahinter den Bergpfad nach links (Markierung 110). Er führt steil bergauf und Sie passieren einen Strommast. Die Via degli Dei führt hier an der westlichen Abbruchkante des Berges entlang, zum Teil neben einem Zaun. Wo es sehr steil wird, steht meist ein rettender Baum, an dem man sich hochziehen kann. An den beiden freigewaschenen Sandsteinsäulen biegen Sie rechts ab. An der nächsten Gabelung gehen Sie geradeaus bergauf zum Gipfel des **Monte Adone** (654 m). In dieser Idylle fanden im Zweiten Weltkrieg die heftigsten Gefechte statt. Zum Glück ist das lange her.

Monte Adone - ganz oben!

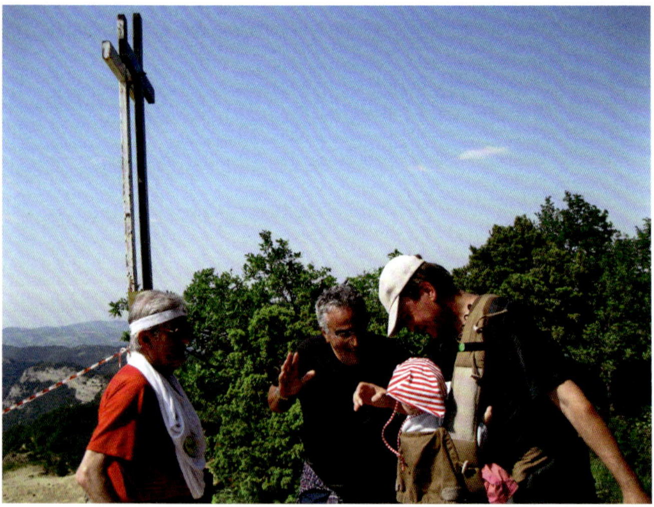

Hier am Gipfelkreuz können Sie eine herrliche Aussicht genießen und sich ins Gipfelbuch eintragen. Sie finden es in dem Edelstahlkasten, der an das Kreuz montiert wurde.

Das tragische Ende des Schönheitsgottes

Adonis, der Namensgeber dieses Berges, war in der griechisch-römischen Mythologie der Gott der Schönheit und der Vegetation. Der außergewöhnlich schöne Jüngling war der Geliebte der Aphrodite (griechisch) bzw. Venus (römisch). 1593 erschien unter dem Titel „Venus und Adonis" das erste gedruckte Werk aus der Feder von William Shakespeare. Darin verliebt sich die Liebesgöttin Venus in den schönen Adonis und will ihn von der Jagd auf einen gefährlichen Eber abhalten. Lieber soll er ungefährlicheren Tieren nachsetzen. Doch er hört nicht auf sie, stellt dem Eber nach und kommt durch dessen Hauer zu Tode. Aus all den vergossenen Tränen der Venus wachsen seither zarte Blumen, die vom Blut des geliebten Adonis rot gefärbt sind.

Adonisröschen sind aber doch gar nicht blutrot, sondern gelb, sagen Sie? Sie haben Recht, in unseren Breiten sind die gelben Vertreter dieses Hahnenfußgewächses am weitesten verbreitet, vor allem die Frühlings-Adonisröschen. Allerdings wachsen in Südeuropa auch leuchtend rote Sommer-, Herbst- und Flammen-Adonisröschen.

Nun geht es mit weiteren Fernblicken steil bergab. Hinter einer Einmündung von links wird es flacher. Sie passieren einen Picknicktisch, einen Ginsterhain und eine Infotafel, die über den Monte Adone informiert. Hier sind manchmal Fossiliensammler zu beobachten, die nach Schätzen aus dem Pliozän (5 3 Millionen Jahre vor unserer Zeit) suchen. Der Weg wird breiter und gabelt sich an einer Stromleitung. Dort biegen Sie rechts ab (Markierung 110, Via degli Dei), nun taucht schon der Futa-Pass als Ziel auf den Schildern auf. Auf einem idyllischen Sandweg wandern Sie durch die Ginsterlandschaft.

Der Weg schwenkt nach links und führt neben einer Sandsteinwand auf die ersten Häuser von **La Vallazza** (N 44° 20.651' E 11° 18.205') zu. Hier folgen Sie nun der Straße nach rechts (Markierung 110), sie führt bergab nach Brento. Dort biegen Sie rechts in die Via Monte Adone, gehen an der Gabelung geradeaus und passieren die ✕ Vecchia Trattoria Monte Adone.

Brento di Monzuno

Koordinate N 44° 20.413' E 11° 18.143' (Kirche)

Agriturismo Piccola Raieda, Via Brento 3, 40036 Brento di Monzuno, 320/037 33 62 + 335/593 75 35, www.piccolaraieda.it, info@piccolaraieda.it, 200 m, 8 Betten, Ü DZ € 66-80, Apartment mit 2 Betten € 95-115, F € 6. Ferien auf dem Bauernhof mit Pferdezucht,

Vecchia Trattoria Monte Adone, Via Castellazzo 4, 051/6775126, www.paginegialle.it/trattoriamonteadone, für warme Gerichte offiziell ab 18:00, nach unserer Erfahrung erst ab 19:30, tagsüber für Getränke und Snacks, Dienstagabend geschlossen

Die **Chiesa di Sant'Anselmo** bezaubert mit ihren externen Glocken.

Etappe 5: Brento di Monzuno - Ca' di Mazza

1 km, 50 m, 86 m, 424-486 mNN

Karte Seite 77 und Höhenprofil Seite 76

0 km	459 mNN	Brento di Monzuno
1 km	424 mNN	Ca' di Mazza

Eine Mini-Etappe am Straßenrand auf dem Kamm zwischen zwei Tälern. Am Ortsausgang geht es noch kurz bergauf, dann meist bergab nach Ca' di Mazza.

Sie passieren die Trattoria und die Kirche, dahinter folgen Sie der Via Monte Adone und genießen die herrliche Aussicht ins Tal. An der kommenden Straßengabelung wandern Sie links weiter bergab. Nach 300 m kommen Sie zum winzig kleinen Weiler **Ca' di Mazza** (N 44° 20.072' E 11° 17.634').

B&B Agriturismo Ca'di Mazza Monte Adone, Via Brento 199/2, 40036 Brento, 335/726 79 58, www.agricoladream.it, info@agricoladream.it, am Weg, 2 geräumige und liebevoll eingerichtete FeWo auf einem Pferdehof für insgesamt 9 Personen, auch für eine Nacht möglich, ÜF für 2 Personen € 60-70, für 4 Personen € 90-110. Großer Garten, Terrasse, sehr hilfsbereite Gastleute, die auch Englisch sprechen,

Etappe 6: Ca' di Mazza - Monzuno

8,7 km, ↑ 460 m, ↓ 258 m, ⇧ 402-626 mNN
Karte Seite 77 und Höhenprofil Seite 76

0 km	⇧ 424 mNN	Ca' di Mazza
3,3 km	⇧ 516 mNN	Monterumici
4,0 km	⇧ 443 mNN	Bettola Chiesa
4,8 km	⇧ 448 mNN	Ca' di Cucco
5,3 km	⇧ 467 mNN	Serretto
6,4 km	⇧ 493 mNN	Selve
6,8 km	⇧ 502 mNN	Tre Fasci
7,7 km	⇧ 555 mNN	Ospitale
8,7 km	⇧ 626 mNN	Monzuno BANK @

Hinter Ca' di Mazza führt der Götterweg zunächst auf der Straße weiter, später auf Wald- und Schotterwegen im Bogen um den Gipfel des Monterumici. Der Rest des Weges führt an einer wenig befahrenen Straße entlang durch eine Handvoll Streusiedlungen.

Sie laufen auf der Kammstraße zwischen zwei Tälern leicht bergab und passieren die Zufahrten nach Fazzano und Fazzanello, wobei Sie jeweils geradeaus weitergehen. Sie wandern wieder bergauf bis zur nächsten Gabelung. Hier gehen Sie rechts Richtung **Casarola, Ca' di Sotto** und **Le Mandrie**

An dieser Stelle ist der Weg Richtung Monzuno etwas kürzer, wenn Sie links über **Santa Cecilia** und **La Torre** laufen, aber das ist eine reine Teerstraße, die auf dem Hügel Monterumici (577 m) mehr Höhenmeter überwindet. Hier lohnt es sich also nicht, von der markierten Strecke abzuweichen.

Sie folgen also an der Gabelung der kleinen Straße mit den Markierungen VD 019 und den zwei gelben Punkten des Götterweges nach rechts. Sie führt bergab und bergauf, passiert die Gebäude von **Le Mandrie** und führt unter einer Stromleitung hindurch. Ein Blick über Ihre rechte Schulter zurück erinnert an die Besteigung des Monte Adone.

An der Zufahrt zu **Ca' di Sotto** nehmen Sie den linken Weg bergauf. Der Götterweg führt dann zwischen den weiteren Häusern des Weilers hindurch auf einem Teerweg sanft bergab. Nach einer Rechtskurve wählen Sie an einer Gabelung den Feldweg, der nach links bergauf führt (Markierung 019, VD, Bo-Fi).

Alle Wege führen nach Rom

Auch an dieser Kreuzung fällt ein Schild mit der Aufschrift „Flaminia Militare 187 a.C." auf. Ja, richtig vermutet! Hier verlief vor über 2.000 Jahren die Römerstraße von der Adriaküste nach Rom. Sie war eine der ungezählten Straßen, die in der Antike aus allen Winkeln des Römischen Reiches nach Rom führten. Angelegt wurde sie etwa 220 v. Chr., sie begann in Arminum, dem heutigen Rimini. Sie hat wohl nichts mit der Geschichte des Götterweges zu tun, beide treffen aber unterwegs immer wieder aufeinander.

Nach rechts bietet sich ein Blick hinab ins Tal des Setta und zum Örtchen Vado. Der Weg führt neben einer bunten Blumenwiese am Waldrand entlang zu einer Bank, später auf groben Steinen bergauf. Sie bleiben auf dieser alten Römerstraße, gehen also geradeaus bergauf und ignorieren dabei einen Weg nach rechts bergab. Der nächste Weg nach rechts bergab (Markierung 02) wird auch ignoriert. Dieser Weg führt hinab nach **Vado** ➲ 4 km BANK.

Die Via degli Dei führt geradeaus bergauf (Markierung VD, 019, Bo-Fi). Auf diesem Streckenabschnitt haben wir viele Eidechsen und Schlangen gesehen und weghuschen gehört. Wenn linker Hand die Straße schon zu hören ist, geht es wieder bergab. Der Weg führt etwa 300 m parallel zur Straße und mündet dann darauf, d.h. hinter der Infotafel zum Monterumici folgen Sie der Straße nach rechts. Der Weg führt im Weiler **Monterumici** auf der Straße durch lockere Bebauung in Serpentinen bergab zu einer T-Kreuzung 827 (N 44° 18.738' E 11° 16.753'), die in manchen Karten als Furcolo bezeichnet ist. Die SP59 führt rechts nach Vado.

Um den Götterweg fortzusetzen, wandern Sie an der T-Kreuzung links auf der SP59 weiter. Sie ist etwas stärker befahren, aber es trennen Sie nur noch 4 km von Ihrem Etappenziel in Monzuno, wenn Sie einfach der Straße folgen und nicht noch den unnötigen Umweg der Wegmarkierer mitmachen, den ich später beschreibe. Wer schon groggy ist, entdeckt voller Freude, dass hier wieder Busse verkehren (🚌 Linie 827 von Sasso Marconi nach Monzuno, Mo bis Sa etwa stündlich, die T-Kreuzung liegt nahe der Haltestelle Bettola Chiesa).

Nun führt die Straße leicht bergab (Markierung rot-weiß 019) und Sie durchlaufen die Weiler **Ca' di Cucco** 🚌 und **Serretto** 🚌. Dahinter führt der Weg halb links steil bergauf und parallel zur Straße, kürzt zwei Straßenkurven ab, in denen Wanderer schlecht gesehen werden können. Hinter dem Ortseingangsschild von **Selve** ☕ 🍴 🍷 🚌 trifft der Götterweg wieder auf die SP59 und führt in Kurven bergauf. Der Ort, der in der Regel mit Selve bezeichnet wird, ist in Karten mitunter als **Ca' di Giuletta** angegeben.

Die zwei gelben Punkte markieren den Götterweg

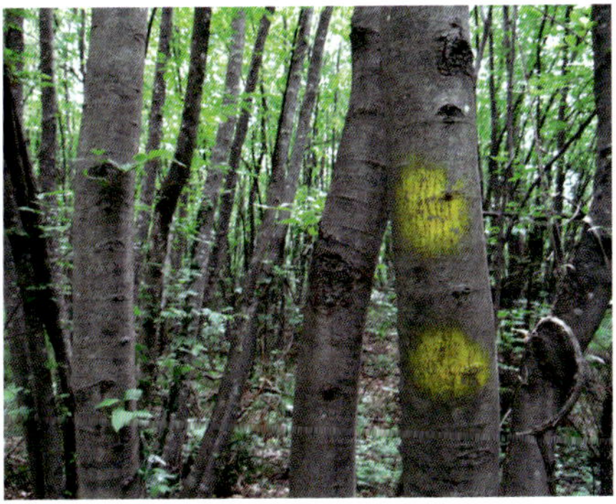

Hinter der Ruine in **Tre Fasci** führt der markierte Weg (019) links Richtung Ca' di Zano und Ca' di Giorgino einen Teerweg hinauf. Was sich die Wegmarkierer bei dieser Wegführung gedacht haben, lässt sich nicht so ganz nachvollziehen, es ist ein Umweg von 600 m. Vielleicht wollte man den Wanderern eine verkehrsärmere Strecke anbieten. Die Strecke ist in der Mitte ziemlich zugewachsen und lückenhaft markiert. Falls Sie dort laufen wollen, halten Sie sich an der ersten Gabelung rechts, folgen der Zufahrt zu einem Hof, gehen den fußbreiten, dicht bewachsenen Pfad weiter bis zur Einfahrt des nächsten Hofes und folgen dieser Einfahrt zurück zur SP59.

Ganz überzeugt war das Markierungsteam wohl selbst nicht von der Streckenführung, denn der Götterweg ist auch geradeaus markiert. Er führt also als Direktweg nach Monzuno zum Kreisverkehr am **Ospitale** 🚌 (N 44° 16.944' E 11° 16.682'), auf das Sie ziemlich genau zulaufen, wenn Sie den Kreisverkehr „auf 12 Uhr" verlassen. Dieses Gebäude gehörte zu einem

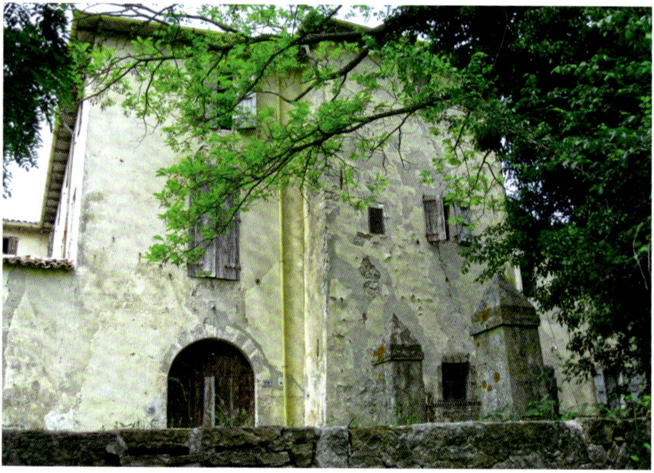

Ospitale

Klosterkonvent namens Ospizio di Santa Maria di Monzuno, in dem schon im Mittelalter Rompilger aufgenommen wurden. Unter Napoleon wurde das Kloster aufgelöst, seither verfällt das Gebäude zusehends.

Die Via degli Dei folgt der neuen Straße, Sie verlassen also den Kreisverkehr „auf 9 Uhr". Diese Straße ist in vielen Karten und GPS-Kartengrundlagen noch nicht enthalten. Wenn sie eine Linkskurve macht, wandern Sie rechts auf dem Schotterweg bergauf Richtung Monzuno (Markierung 019). Die Etappe endet an der SP59 im Ortszentrum von

Monzuno

Koordinate N 44° 16.703' E 11° 16.234' (zentrale Kreuzung)

Albergo Ristorante Montevenere, Via L. Casaglia 5, 40036 Monzuno, ☏ 051/677 05 48, www.albergomontevenere.it, info@albergomontevenere.it, ➲ am Weg, 23 Betten, ÜF EZ € 33, DZ € 58, Pauschalangebot für Götterwegwanderer: Vier-Gänge-Abendessen mit Getränken, Übernachtung und Frühstück € 50,

♦ **B&B Il Rifugio del Viandante**, Località Campagne 9, 40036 Montevenere Monzuno, ☏ + FAX 051/677 11 90, 333/649 73 32, www.lecampagne.it, info@lecampagne.it, am Weg (nächste Etappe), 12 Betten in 3 Zimmern, ÜF im MBZ € 35, Kinderermäßigung,

@ Internetzugang in der Bibliothek, Via Casaglia 1, Di, Do, Sa 9:00 bis 12:00, Di, Do 15:00 bis 18:00. Auch als Durchreisender muss man pro forma eine Mitgliedschaft beantragen, darf dann aber den Bibliotheksrechner für Internet und E-Mails nutzen.

Linie 827 Monzuno - Ospitale - Tre Fasci - Selve - Sasso Marconi, Mo bis Sa etwa stündlich

Monzuno liegt in erhöhter Position auf dem Kamm zwischen den Tälern der Flüsse Setta und Savena. Der Ortsname Monzuno lässt sich leicht herleiten, denn das lebendige Städtchen liegt am Mons Juno. Im Zweiten Weltkrieg war Monzuno eine Hochburg der Partisanen. Hier verschanzte sich Il Lupo (= Der Wolf) Mario Musolesi, der Kopf der Partisanengruppe Stella Rossa (= Roter Stern).

Familiengöttin Juno

Bei den Römern hatte Juno die Position inne, die Hera bei den Griechen hatte, damit war sie die höchste Göttin. Zuständig war sie für alle Sorgen rund um Ehe, Mutterschaft, Geburt, Familie und Fürsorge. Sie galt als Ehefrau des Göttervaters Jupiter. Junos Symboltier ist der Pfau. Der Monatsname Juni ist auf sie zurückzuführen.

Etappe 7: Monzuno - Madonna dei Fornelli

10,9 km, ↑ 486 m, ↓ 316 m, ⇧ 612-941 mNN

0 km	⇧ 626 mNN	Monzuno BANK @
1,6 km	⇧ 722 mNN	Campagne
2,3 km	⇧ 772 mNN	Il Rifugio del Viandante
4,1 km	⇧ 907 mNN	Sasso Rosso
5,8 km	⇧ 850 mNN	Le Croci
7,4 km	⇧ 955 mNN	Monte del Galletto
8,2 km	⇧ 895 mNN	Villa Montanari
10,9 km	⇧ 798 mNN	Madonna dei Fornelli

Auf angenehm zu laufenden Feldstraßen und Bergwegen wandern Sie bei dieser Etappe zunächst unterhalb des Gipfels am Monte Venere entlang, später auf dem ansteigenden Kamm zwischen den Flusstälern Val di Sambro und Val di Savena. Luftige Bergwiesen und schattige Waldpassagen wechseln sich ab.

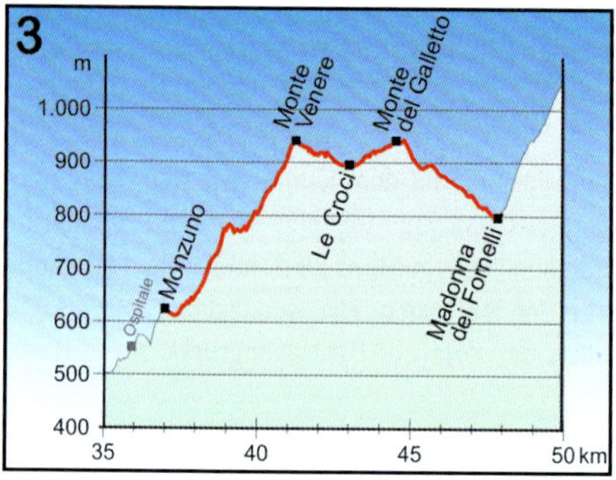

An der zentralen Kreuzung von Monzuno biegen Sie links in die Via Luigi Casaglia und passieren die Bibliothek @, das Hotel und die Apotheke. An der nächsten Gabelung folgen Sie der SP79 hinauf Richtung Trasasso und Madonna dei Fornelli. Die Straße verläuft in Kurven bergauf. In der Linkskurve unterhalb des Sportplatzes steigen Sie die Treppe hinauf. Der Weg verläuft bis zum Ortsausgangsschild von Monzuno parallel zur Straße. Hier gehen Sie hinter dem Holzhaus rechts Richtung Stadion (Markierung VD, 019, zwei gelbe Punkte).

La Via del Pane

Monzuno liegt auf der italienischen Brotstraße. Sie ist für Autofahrer angelegt, beginnt in Rioveggio im Setta-Tal und verläuft über Monzuno im weiten Bogen durch den Apennin. Verbunden werden damit Orte, die mit dem traditionellen Bäckerhandwerk verbunden sind. Unterwegs kann man Getreidemühlen, alte Backhäuser und mehr besichtigen. Oft öffnet ein Agriturismo seine Tore für interessierte Besucher. Auch andere kulinarische Genüsse wie Honig, Fleisch, Wurst, Oliven, Trüffel, Pilze, Bier und Wein werden berücksichtigt.

Sie passieren das Backhaus (*forno a legna*) und den Sportplatz von Monzuno und gehen auf dem Schotterweg geradeaus parallel zur Stromleitung

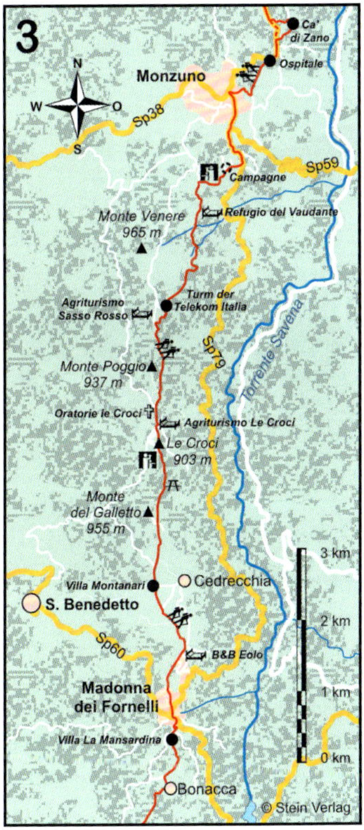

den Monte Venere (965 m) hinauf. Sie müssen nicht bis zum Gipfel des dicht bewaldeten Berges hinaufwandern, aber die Steigung reicht, um ins Schwitzen zu kommen.

Liebesgöttin Venus

Der Berg Monte Venere wurde von seinen Namensgebern der Göttin Venus gewidmet. Als römisches Pendant zur griechischen Göttin Aphrodite war sie die Göttin der Liebe und der Schönheit. Auf vielen Bildnissen wird sie mit einem Delphin gezeigt, der in der Antike für Menschenfreundlichkeit, Zuneigung und Liebe stand. Der passte auch ganz gut ins Bild, wenn man ihre Geburt aus dem Meer malen wollte, wie z.B. Sandro Boticelli. (Sein Gemälde „La Nascita di Venere - Die Geburt der Venus" befindet sich in den Uffizien in Florenz.) Ansonsten wurde sie in der Kunstgeschichte oft unbekleidet als besonders begehrenswerte Frau gemalt bzw. in Stein gehauen. Ihre Liebe zum Gott Adonis wurde sogar von Shakespeare in Verse gefasst (☞ Seite 81) und in mehreren Opern besungen.

Bald passieren Sie eine Ruine, die in Karten **Campagne** genannt wird, und folgen dahinter dem Wegweiser nach rechts weiter bergauf. Zur rechten Seite ergibt sich ein schöner Blick zurück nach Monzuno.

Am Ende der Bergwiese biegen Sie an der T-Kreuzung links ab Richtung Sasso Rosso (Markierung VD, 019, zwei gelbe Punkte). Sie laufen nun auf einem fast ebenen Schotterweg und passieren das B&B Il Rifugio del Viandante (☞ Monzuno). Dahinter gehen Sie links an einer Halle vorbei.

Rifugio del Viandante

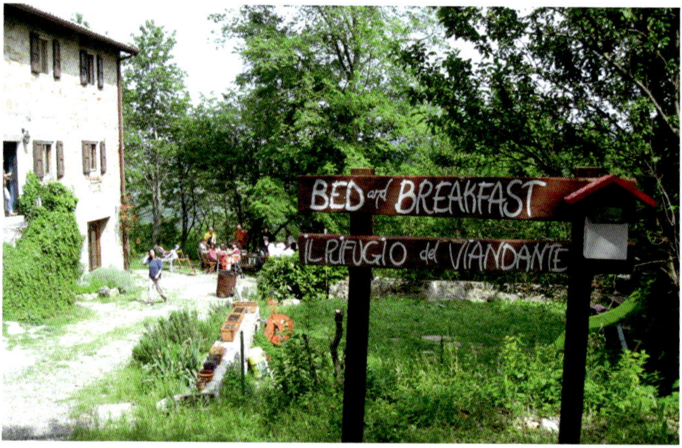

Im nun folgenden Waldstück wandern Sie an der Gabelung geradeaus bergauf, gehen nach 20 m links am Waldrand entlang und folgen dem Weg in einer Linkskurve bergab Richtung Sasso Rosso. Der Weg führt durch ein kleines Tal und wieder bergauf und bergab durch den Wald.

Auf zwei Holzbrücken überqueren Sie zwei Bäche, dahinter laufen Sie durch offenes Grasland mit Esskastanien. Dort folgt die Via degli Dei zunächst einem Zaun, dann der Stromleitung nach rechts und halb links in den Wald hinein. An der nächsten Gabelung gehen Sie rechts weiter bergauf. Nach 60 m folgen Sie links dem oberen Pfad. Er führt als Kammweg mit Blick ins Savenatal an einer Wiese vorbei, bleibt aber immer herrlich schattig im Niederwald.

An der Gabelung treten Sie links durch ein kleines Tor. Kurz darauf erreichen Sie auf der Höhe von **Sasso Rosso** (907 m) den Turm der Telekom Italia, hier gehen Sie unmittelbar an der Mauer entlang und in der Kurve der Zufahrt weiter geradeaus auf dem Kammweg. Er führt zunächst relativ eben weiter, später steil bergab. Rechts sehen Sie den

🛏 **Agriturismo Sasso Rosso**, Frazione Trasasso 64/1, 40036 Monzuno, ☎ 051/677 18 02, ➲ am Weg, 7 Betten, ÜF ab € 26, HP ab € 42, VP ab € 52, Apr bis Dez, Mo Ruhetag, ✕

Bald endet der Pfad auf einer Schotterpiste, der Sie nach links folgen. Sie passieren drei Rastbänke und ignorieren alle nach rechts und links abgehenden Wege, denn Sie bleiben bis zum Agriturismo Le Croci auf dieser Piste. Sie führt östlich vom Gipfel des Monte Poggio (937 m) auf der Höhe entlang. Von hinten links stößt der CAI-Weg 14 hinzu, Sie bleiben weiter auf dem Kammweg. An der Kapelle **Oratorie le Croci** (850 m) kommt von rechts der CAI-Weg 059A den Berg hinauf. Die Via degli Dei verläuft weiter geradeaus und passiert den

🛏 **Agriturismo Le Croci**, Frazione Trasasso 66, 40036 Monzuno, ☎ 051/677 05 15, ➲ am Weg, 6 Betten, Preise nur auf tel. Anfrage, 7. Jan bis 7. Feb geschlossen, ✕

Das Gipfelkreuz von Le Croci

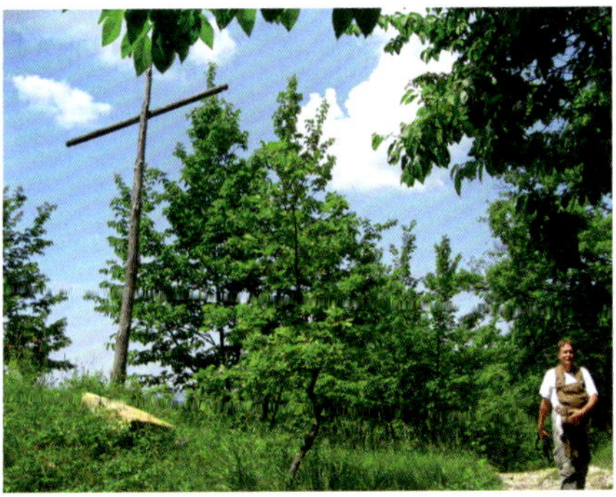

und seine Picknicktische. Hinter dem Agriturismo gehen Sie an den beiden eng hintereinander liegenden Gabelungen jeweils geradeaus steil bergauf (Markierungen: 019, FUTA, VD, zwei gelbe Punkte) auf dem breiten Schotterweg Richtung Madonna dei Fornelli, Pian di Balestra und Passo della Futa. Am Gipfelkreuz von **Le Croci** sind Sie auf 903 m Höhe.

Hinter einer Einmündung von rechts finden Sie eine Sitzbank mit Aussicht ins Savenatal. Dahinter folgt eine Passage, die je nach vorangegangener Wetterlage von Pfützen und Matsch geprägt sein kann. Sie endet oben auf dem **Monte del Galletto** (955 m). Unterwegs passieren Sie noch einen netten Picknickplatz mit einem schönen Blick zurück zum Sendeturm und hinab in die Poebene.

Weniger ist manchmal mehr

Bei dem Windpark auf der rechten Seite stellten wir irritiert fest, dass die Windräder nur einen Flügel haben, während wir von zu Hause ja zumindest zwei, meist aber drei Flügel gewöhnt sind. Dazu muss man wissen, dass es bei Windrädern zweierlei Zielsetzung gibt: Die einen setzen auf eine hohe Drehzahl (also die Geschwindigkeit des Rades), die anderen auf ein hohes Drehmoment (also die an der Rotorwelle wirkende Kraft). Techniker mögen mir die Vereinfachung verzeihen: Mehr Flügel führen zu einer schnelleren Rotation. Die idyllischen Windmühlen im Mittelmeerraum mit 12-32 Segeln haben so viele Flügel, weil sie sich schnell drehen sollen. Gleiches gilt für Windräder, die unmittelbar Strom erzeugen sollen, sie benötigen möglichst hohe Drehzahlen, um den baubedingt hohen Drehzahlen der Generatoren entgegenzukommen. Will man hingegen ein hohes Drehmoment, sind Schnellläufer mit vielen Flügeln eher hinderlich. Sie müssen bei Starkwind abgeschaltet und in den Wind gedreht werden, um nicht beschädigt zu werden. Die meisten modernen Windräder sind daher Langsamläufer mit einem bis maximal drei Flügeln, die sich langsamer, aber konstanter drehen - und das auch bei hohen Windgeschwindigkeiten.

Windräder mit nur einem Flügel, wie ungewöhnlich!

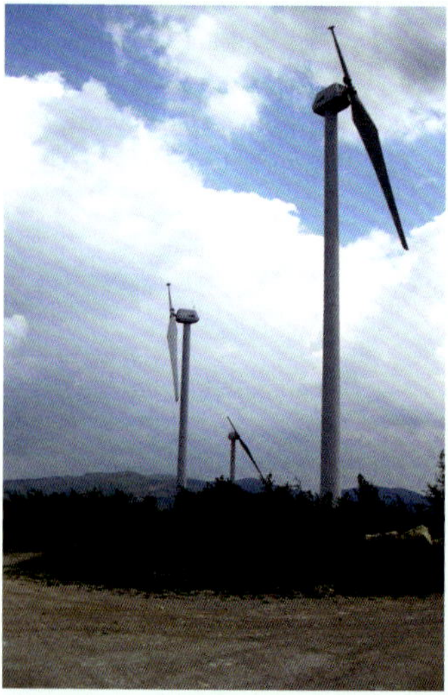

An der Kreuzung im Windpark wandern Sie geradeaus, d.h. parallel zur Stromleitung talwärts.

An der folgenden Gabelung gehen Sie nach rechts, bleiben also neben der Stromleitung. Folgen Sie der Piste durch die S-Kurve. An einem Einzelhaus stößt von rechts der CAI-Weg 59C auf die Via degli Dei. Hier gehen

Sie geradeaus weiter. An der **Villa Montanari** (899 m) in dem niedlichen kleinen Nadelwäldchen kreuzt der Götterweg den Weg 927, der Cedrecchia und S. Benedetto miteinander verbindet.

Nun wandern Sie bergab an einem Haus mit der Nummer 3 vorbei. Wenn Sie schon die ersten Häuser von Madonna dei Fornelli sehen, mündet die fast lieb gewonnene Schotterpiste in die Via Cedrecchia. Die Via degli Dei führt auf ihr nach rechts und passiert das B&B Eolo. Sie laufen nun in den Ort hinein und dort geradeaus (Via Romana Antica) auf die Kirche zu. An der Piazza Madonna della Neve endet die Etappe, denn hier befinden sich fast alle Restaurants und Unterkünfte des Ortes.

Madonna dei Fornelli

Koordinate N 44° 12.025' E 11° 15.616' (Kirche)

- www.madonnadeifornelli.it
- **Hotel Ristorante Musolesi**, 40048 S. Benedetto Val di Sambro, 05 34/941 56, FAX 05 34/943 50, www.musolesi.it, musolesi@musolesi.it, am Weg, 40 Betten, ÜF EZ ab € 35, DZ ab € 55, HP inkl. Getränke € 45-50, Garten, (kostenlos ab 4 Personen)
- **B&B Eolo**, Via Grove 46, 40048 S. Benedetto Val di Sambro, 05 34/944 81, federico_nanni@fastwebnet.it, am Weg (nördlich fast vor dem Ort, Wegbeschreibung), 5 Betten, ÜF DZ € 50
- **Albergo Poli**, Piazza Madonna della Neve 5 B, 40048 S. Benedetto Val di Sambro, + FAX 05 34/941 14, am Weg, 39 Betten, ÜF EZ ab € 20, DZ ab € 36, einfachste Unterkunft im Ort.
- **Albergo Romani**, Piazza Madonna della Neve 13, 40048 S. Benedetto Val di Sambro, 05 34/941 13, lapecheronza.erbo@libero.it, am Weg, 12 Betten, ÜF EZ € 35, DZ € 45, DBZ € 60, Garten, für 2013 ist ein Pool geplant
- **Madonna della Neve**. Die Kirche heißt Maria Schnee, nach dem katholischen Gedenktag am 5. August, zu dem der Legende nach bei der Weihe der Basilika Santa Maria Maggiore in Rom im Jahr 432 Schnee gefallen sein soll - mitten im Hochsommer!
- Linie 850 nach Bologna, 1x tägl. frühmorgens (2013 um 6:25)
- Linie 856 von/nach Casalecchio, Sasso Marconi und Castel dell'Alpi 3-6x tägl.
- Paolo Malaguti, 05 34/951 08, 335/182 39 71

Madonna dei Fornelli ist ein beliebtes Ziel für Kurzurlauber aus Bologna und Florenz. Das angenehm kühle Klima dieses Bergortes steht in so deutlichem Gegensatz zu den drückend heißen Temperaturen der Großstädte in ihren Tälern, dass man versteht, warum in früheren Generationen von Sommerfrischlern die Rede war.

Etappe 8: Madonna dei Fornelli - Passo della Futa

➲ 14,4 km, ↑ 708 m, ↓ 607 m, ⇧ 798-1.202 mNN

0 km	⇧	798 mNN	Madonna dei Fornelli
1,3 km	⇧	952 mNN	Bonacca
4,4 km	⇧	1.065 mNN	Pian di Balestra
5,7 km	⇧	1.190 mNN	Monte Bastione
8,5 km	⇧	1.035 mNN	Teich
9,7 km	⇧	1.202 mNN	Cima de Le Banditacce
10,6 km	⇧	1.188 mNN	Passegere
14,4 km	⇧	898 mNN	Passo della Futa

Auf dieser Etappe wird die Grenze zur Toskana überschritten und der höchste Punkt der Wanderung erwandert. Das heißt aber nicht, dass es auch die anstrengendste Etappe ist. Die einsamen Bergpfade ziehen sich ganz langsam bergauf durch den Wald. Die Strecke beginnt und endet mit stillen Waldpfaden, ruhige Straßen und Feldwege beherrschen den Mittelteil.

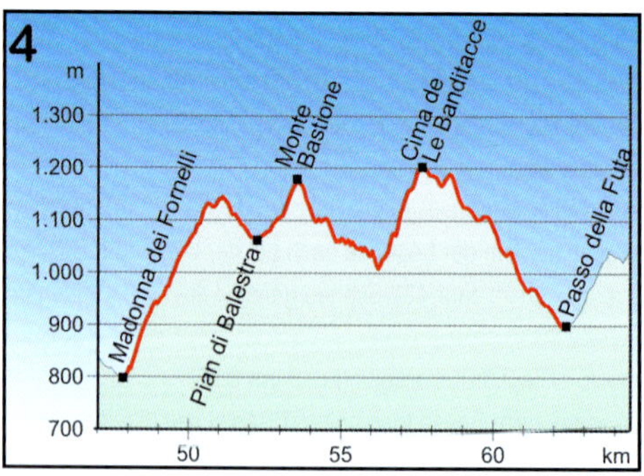

Gehen Sie an der Piazza Madonna della Neve links an

der Bushaltestelle vorbei und direkt hinter der Kirche rechts die Via del Monte steil bergauf. Nach einigen Kurven biegen Sie links in die Via Ca' dei Farini (Markierung: FUTA, zwei gelbe Punkte) und nehmen nach 20 m den Pfad nach rechts (Markierung: Passegere, VD, 019, Passo della Futa, zwei gelbe Punkte). Er führt an einigen Ferienhäusern und einer Sitzbank vorbei und wird zunehmend breiter. Der Schotterweg passiert eine Sitzbank und führt geradeaus bergauf vorbei an der Villa **La Mansardina**.

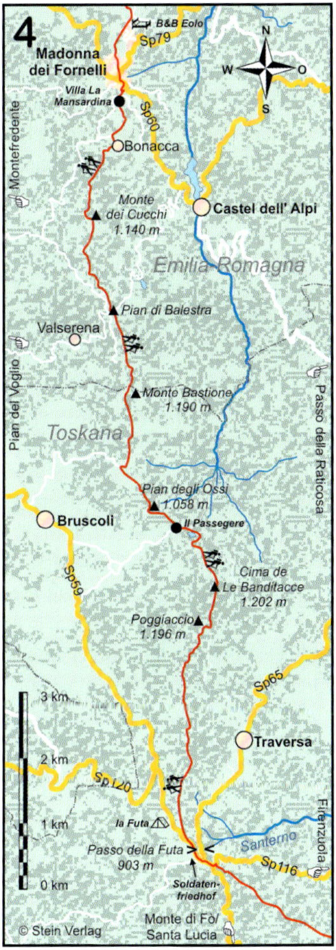

Vor dem nächsten Haus gehen Sie auf dem Geröllweg bergauf an dem Zaun entlang und unter einer Stromleitung hindurch. Der Weg wird zu einem gut zu laufenden Pfad, der neben Nussbäumen zu einer Straßenkreuzung mit einer Madonna führt. Der Straße folgen Sie nach halb links zu dem kleinen Weiler **Bonacca**. Hinter der Hausnummer 14 wandern Sie rechts den Teerweg hinauf (Markierung: VD, 019, zwei gelbe Punkte). Hinter den Hausnummern 9 und 10 gehen Sie geradeaus auf dem Feldweg weiter (Markierung: Bo-Fi), er führt steil bergauf.

Links des Weges steht eine einladende Sitzbank. Wenn Sie hier zurückschauen, haben Sie die Voretappen vor Augen, denn Sie sehen bei klarem Wetter die Windräder, den Telekomturm und sogar den Monte Adone. Jetzt nehmen Sie an der Gabelung den Pfad, der geradeaus bergauf führt, im Wald halten Sie sich an der Gabelung links (Markierung: Bo-Fi, Futa, Via degli Dei) und laufen durch einen Hohlweg mit einem alten Zaun.

Wandern Sie weiter bergauf, zum Teil helfen einzelne Stufen beim Steigen. Den Weg von rechts ignorieren Sie und laufen weiter auf dem sanft bergauf führenden Weg. Hinter einer kleinen Lichtung biegen Sie an einer Gabelung rechts ab. Es folgt ein sehr matschiger Abschnitt. An der nächsten Gabelung gehen Sie links bergauf.

Hinter dem rot-weißen Antennenverstärker ist der Weg dann weniger steil. Von links kommt ein Weg von **Castel dell' Alpi** (➲ 3,4 km 🚌 Linien 850, 856, 857, 906, 🛏 Albergo Ristorante Bar Belvedere, ☎ + FAX 05 34/941 08, 💻 www.hotelbarbelvedere.it) hinauf, die Via degli Dei führt durch Niederwald weiter geradeaus, nun an einem Zaun entlang durch ein wohlriechendes Nadelwäldchen. Sie folgen der geschotterten Grundstückszufahrt am Zaun entlang, um danach eine Weile neben der Stromleitung zu laufen. Hier oben auf dem Monte dei Cucchi wandern Sie auf 1.140 m Höhe. An der Wegkreuzung mit der Bank neben der blau-weißen Stange laufen Sie weiter geradeaus (N 44° 10.646' E 11° 15.195'). Rechts geht es hier auf dem CAI-Weg 025 nach Montefredente 🚌.

Der Götterweg führt nun auf einem breiten Forstweg bergab. Er ist ab dem Grundstück mit der Nummer 8 geteert und führt an einigen Häusern und einer Trafo-Station vorbei zu einer Straßenkreuzung (N 44° 10.121' E 11° 15.545'). Hier erfahren Sie von einem Straßenschild, dass Sie auf der Via Monte delle Rose gelaufen sind. An dieser Kreuzung geht es links erneut nach Castel dell' Alpi und rechts nach Pian del Voglio 🚌 ⚕ und Valserena 🍴 🍷.

Der Götterweg führt auf dieser Höhe, die sich **Pian di Balestra** nennt, geradeaus auf der Via del Bastione Richtung Römerstraße. Die geteerte Straße führt etwa 700 m sanft bergauf und passiert einige Ferienhäuser. Hinter einem Picknicktisch biegen Sie links ab und gehen auf einem Schotterweg Richtung Strada Romana/Montebastione/Passo della Futa (Markierung: VD, 019, zwei gelbe Punkte). Nach 100 m biegen Sie rechts ab und wandern bergauf. Bald sehen Sie auf der linken Seite die Reste der „Cave" der Flaminia Militare. Unter „Vie Cave" verstehen Historiker eigentlich die Hohlwege der Etrusker im Hügelland der toskanischen Maremma. Hier ist deutlich nördlich davon aber auch ein solcher Fund verzeichnet.

Der Forstweg führt zwischen zwei Zäunen weiter den **Monte Bastione** (1.190 m) hinauf. Er bildet die Grenze zwischen Emilia-Romagna und Toskana. Bald schon ist die Höhe erreicht und der Weg führt sanft bergab. Nach etwa 200 m nehmen Sie links den bergauf führenden Pfad am Schild „Zona Archeologica" durch die Zaunlücke. Hier können Sie auch geradeaus weitergehen, verpassen dann aber einen gut erhaltenen und sehenswerten Abschnitt der Römerstraße.

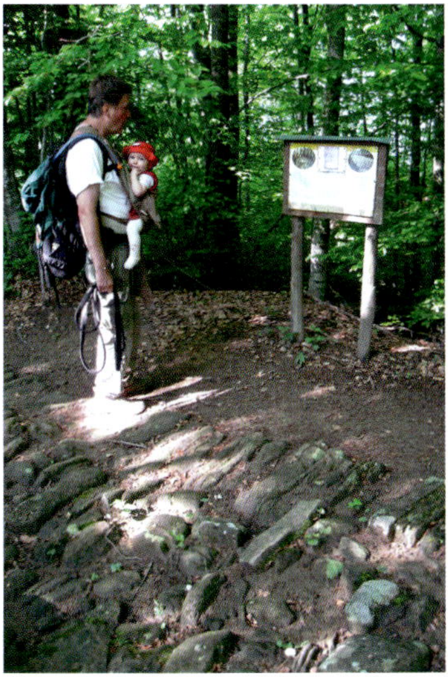

Flaminia Militare am Monte Bastione

Etwa 20 m nach der Zaunlücke treffen Sie auf einen Abschnitt der alten Römerstraße, hier wandern Sie rechts weiter bergauf und bergab auf den Spuren der alten Römer. Ein weiterer Zaundurchlass bringt Sie zum Forstweg zurück, dort gehen Sie links bergab. Die alte Bezeichnung Faggeta (Buche) für den Hügel, auf dem Sie sich befinden, ist etwas verwirrend, denn es ist kein reiner Buchenwald. Buchenmischwald weicht schon bald reinem Nadelwald. Sie passieren einen verlassenen Hof und bleiben trotz verwirrender Markierungen auf dem breiten Forstweg, der geradeaus durch den köstlich riechenden Nadelwald mit morgens ziemlich lautem Vogelgezwitscher führt.

Am Ende des Waldes fordert ein Schild zum Schließen des Tores auf. Ein Landwirt betreibt auf dieser Bergwiese Weidewirtschaft und bittet mit diesem Schild im Grunde darum, das Tor zu schließen, wenn es geschlossen war, damit sein Vieh nicht wegläuft. Das bedeutet aber auch, dass Sie es bitte offen lassen, wenn Sie es offen vorfinden, damit er ohne unnötige Unterbrechungen mit landwirtschaftlichem Gerät oder beim Viehtreiben durch das Tor hindurchkommt.

Auf einer wunderschönen Bergwiese wie aus dem Bilderbuch macht der Weg einen Rechtsbogen auf ein verlassenes Haus zu und biegt dort nach links ab. (Geradeaus führt ein unmarkierter Weg Richtung Bruscoli.) Der Weg wird nun durch (!) einen Bach geführt, der bei normaler Wetterlage mit einem großen Schritt übersprungen werden, nach lang anhaltenden Regenfällen aber nasse Füße verursachen kann. An der folgenden Gabelung wandern Sie rechts am Waldrand entlang.

Nun führt der Weg in den Buchenwald hinein und an einem Zaun entlang. Hier sind manche Pfützen so tief, dass unser Maxim darin schwimmen konnte. Am Ende des Waldes laufen Sie weiter am Zaun entlang und genießen die Aussichten zu beiden Seiten des Pian degli Ossi. Der Name bedeutet „Hochebene der Knochen" und hat nichts mit einem gruseligen Leichenfund zu tun, sondern mit wie Knochen geformten Tonstücken, die Archäologen in den 1990er-Jahren in alten Kalköfen fanden. An der Gabelung gehen Sie rechts und nach 50 m links. Hier an der alten Kreuzung **Il Passegere** (1.005 m) kommt von rechts der CAI-Weg 017 von Bruscoli herauf.

Il Passegere

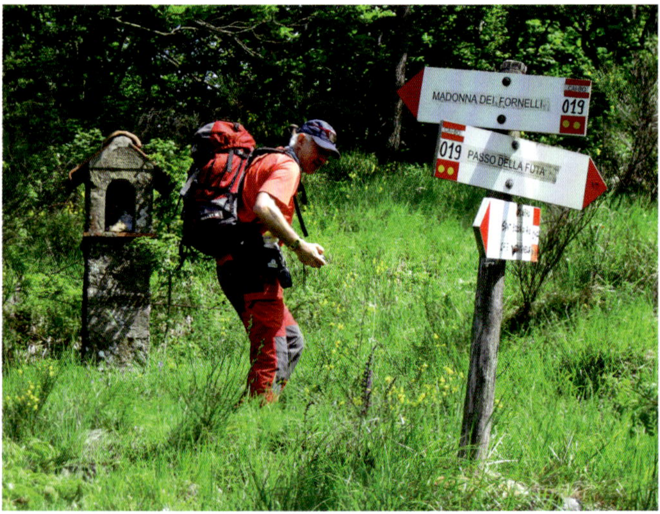

Bruscoli

➲ 2,8 km

Agriturismo Agrimagia della Fattoria Il Palazzo, Via Casellacce 608/d, 50030 Bruscoli, ☎ 055/81 82 62, FAX 055/818 99 14, 339/429 94 20, www.agrimagia.it, info@agrimagia.it, ➲ 3,2 km, 21 Betten und 5 Apartments, ÜF EZ/DZ € 80-120, Sauna

⌘ **Museo Storico Etnografico**, Via della Chiesa 4, 50030 Bruscoli, info-museobruscoli@libero.it, So/Fei 15:00 bis 18:30. Archäologisches Museum mit Schwerpunkt auf der Römerzeit

Linie 859 von/nach Madonna dei Fornelli, 1x tägl.

Ippovia Pegaso

Immer wieder werden Sie auf dem Götterweg auf Schilder mit dem Text „IPPOVIA PEGASO" stoßen. Dabei handelt es sich um einen Reiter-Trail, der auf verschiedenen Strecken und Etappen insgesamt 120 km durch das Mugello-Gebiet führt. Am Wegesrand sind ausreichend Rastplätze und Unterkünfte für Mensch und Tier zu finden. Die Strecke wird auch von Wanderern und Mountainbiker genutzt.

Zwischen zwei Zäunen laufen Sie zur nächsten Gabelung, hier kommt von links der Weg 917 vom Passo della Raticosa herüber. Die Via degli Dei führt weiter geradeaus und bergauf. Sie passieren einen eingezäunten Teich, aus dem lautes Froschgequake erschallt. Dort gehen Sie zweimal hintereinander an Gabelungen rechts, Sie umrunden den Teich damit fast komplett. An einem Erdwall nehmen Sie an der Gabelung den Pfad nach links bergauf. Oft verzweigen sich mehrere Pfade, der Götterweg ist hier aber nahezu unverlaufbar auf Sicht markiert, d.h., noch bevor Sie das eine weiß-rote Zeichen passiert haben, können Sie das nächste schon wieder sehen.

Der Pfad endet an einem Forstweg, hier wandern Sie links weiter bergauf. Der Wald öffnet sich und die Via degli Dei führt über eine Wiese bergauf in den Buchenwald hinein. Dies ist die Rodung von **Banditacce**. Sie laufen weiter Richtung Süden und passieren einen Wegweiser nach links zu einer Quelle (*sorgente*), die aber wohl keine Trinkwasserqualität (mehr) haben soll.

Sie passieren ein defektes Gatter, gehen nach 40 m an der Gabelung links und erreichen nach 70 m eine Kreuzung. Dort steht „Poggiaccio" (N 44° 07.841' E 11° 16.764') an einem Baum, das ist wohl eher ein ehemaliger

Wegweiser zum nahe gelegenen Poggiaccio, denn hier befinden Sie sich auf dem **Cima de Le Banditacce**, dem mit 1.202 m höchsten Punkt des Götterweges. Gratulation!

Hier gehen Sie geradeaus weiter, der Weg führt durch lichten Wald leicht bergab und wird später etwas steiler. Wenn der Wald wieder dichter wird, gehen Sie an einer Gabelung rechts und nach 70 m links bergab. Nach einem Steilstück nehmen Sie an der Gabelung den linken Weg am Fuß des Poggiaccio, der eben schon für Verwirrung sorgte. Sie passieren einen mit hohem Gras bewachsenen Tümpel, dahinter gehen Sie an einer Gabelung rechts. Der Weg führt zunächst weiter bergab. Nachdem Sie einen Bach übersprungen haben, führt der Weg fast eben bis zu einer Infotafel mit Informationen zur Römerstraße. Der Pfad trifft auf einen Forstweg, diesem folgen Sie nach links.

Kurz darauf erreichen Sie einen ersten Abzweig nach links Richtung Traversa, dem noch weitere folgen werden. Wer also in Traversa übernachten oder einkaufen will, kann den Götterweg schon hier verlassen. Dieser führt weiter geradeaus auf dem Forstweg, bis der Weg eine Rechtskurve macht. Hier gehen Sie geradeaus auf dem Waldweg weiter. Nach 40 m lassen Sie ein gut erhaltenes Stück Römerstraße links liegen und folgen dem nach links abknickenden Waldweg.

Sie passieren zwei weitere Stücke der Flaminia Militare, eines davon ist eingezäunt und hübsch mit Moos bewachsen. Ignorieren Sie den von rechts kommenden Weg. Die Via degli Dei führt zwischen Nadel- (links) und Laubwald (rechts) weiter, später erobert der Nadelwald beide Seiten des Weges.

Nach einer Rechtskurve gehen Sie an einer T-Kreuzung links weiter bergab. Der Wegweiser kündigt den Passo della Futa in einer verbleibenden Laufzeit von 50 Min. an. Nun gehen Sie auf einem breiten Waldweg bergauf. Nach dem zweiten Abzweig Richtung Traversa wandern Sie weiter geradeaus bergab. Von links mündet ein Pfad ein, Sie laufen aber weiter geradeaus bergab.

Sie kommen zu einer kompliziert aussehenden Wegkreuzung (N 44° 06.258' E 11° 16.271'), an der es ein letztes Mal links nach Traversa geht. Hier ignorieren Sie die ersten beiden Wege nach rechts und nehmen den zweiten Weg von links, dort ist schon der ⛺ Campingplatz la Futa ausgeschildert.

Es ist ein gutes Gefühl, nun zu lesen, dass es dorthin bzw. zum Hotel in Traversa nur noch 20 Min. zu laufen sind. Diese Zeitangabe ist leicht geschönt, aber in einer halben Stunde sollten Sie Ihr Ziel erreicht haben.

Traversa

➲ ca. 1,5 km

Albergo Berti Ristorante da Iolanda, Via Traversa 351, 50030 Fraz. Traversa di Firenzuola, ☏ 055/81 52 65, FAX 055/81 52 70, 15 Betten, Ü EZ € 35, DZ € 65, F € 4, HP € 40/45, VP € 50, Mitte Nov bis Ende März geschlossen,

Linien 301 b und 304 (☞ Passo della Futa)

Im weiteren Verlauf des Weges unterqueren Sie eine Stromleitung. Der Weg schlängelt sich eine Weile darunter hin und her. Später schwenkt er leicht nach links. Sie hören hier schon die Fahrzeuge auf der Passstraße knattern, wenn Sie erneut eine Stromleitung unterqueren. Nun erreichen Sie nach einem meist matschigen Abschnitt bald die Passstraße. Der Weg führt links an ihr entlang. (Wanderer, die auf dem Campingplatz übernachten, queren hier die Straße und folgen rechts dem Weg mit der Markierung 00).

Passo della Futa

Der Futa-Pass (903 m) ist einer der ältesten Apennin-Übergänge. Schon 1749 wurde hier auf Betreiben des Großherzogs Leopold I. die Straße von Bologna nach Florenz angelegt. Er meinte es gut mit den Reisenden, denn er ließ an den besonders dem Wind ausgesetzten Stellen extra Mauern anlegen, die Fußgänger, Reiter und Kutschen schützen sollten.

Passo della Futa

Albergo Passo della Futa dal 1890, Via Traversa Futa 1484, 50033 Firenzuola, ☏ 055/81 52 55, www.passodellafuta.it, ristorante@passodellafuta.it, ➲ 100 m, 12 Betten, Ü EZ € 25, DZ € 40, F € 5, Ein-Stern-Hotel, Do Ruhetag, nur im Sommer (Mai bis Aug) geöffnet und auch dann kann man Pech haben. Besser ein Zimmer reservieren - falls jemand ans Telefon geht.

Camping La Futa, Via Bruscoli 889h, Passo della Futa, 50033 Firenzuola, ☏ + FAX 055/81 52 97, 328/924 87 46 + 333/114 85 01, www.campinglafuta.it, info@campinglafuta.it, ➲ 600 m (schon vor dem Pass und dem Soldatenfriedhof!), Ü € 7 (Nebensaison € 6), Kinder € 5 (€ 4),

Zelt € 8 (€ 6,50), Hund € 2 (€ 1,50), Strom und warme Dusche inkl., Wohnungen (35-65 m²) € 50-70, Mobil home (35 m²) € 60-70, Wäsche € 5, Mitte Apr bis Ende Sep, die Inhaber sprechen Englisch und Französisch. Im Sommer kommt Di und Fr ein Marktwagen mit Obst und Gemüse auf den Platz. (Pizzeria)

⌘ **Deutscher Soldatenfriedhof Futa-Pass** (Seite 134), Sommer 8:00 bis 19:00, Winter 9:00 bis Sonnenuntergang. Der Friedhofsverwalter Michael Caldari-Hansel (☏ 055/81 52 48) wohnt unterhalb des Friedhofs und hat von 12:00 bis 14:00 Mittagspause. Infos unter www.volksbund.de

Linie 301b von/nach Florenz, La Traversa, Monte di Fò und Florenz 4-8x tägl.

♦ Linie 302 von/nach S. Piero a Sieve und Florenz, 2-3x tägl.

♦ Linie 304 von/nach Firenzuola, La Traversa und Bruscoli, 2-5x tägl.

Der Apennin im Krieg

Gegen Ende des Zweiten Weltkrieges wurde zwischen Carrara am Ligurischen Meer und Rimini (Adria) die Gotenlinie aufgebaut. Diese Serie von Stützpunkten wurde auch Grüne Linie genannt und sollte die Alliierten am weiteren Vormarsch nach Norden hindern. Ende August 1944 erfolgten zahlreiche Angriffe der Briten und US-Amerikaner, Ende April 1945 brach die Verteidigung der Gotenlinie im Apennin nach schweren Abwehrkämpfen zusammen.

Der Futa-Pass war eine der wichtigsten Stellungen und wurde mit der Einweihung des deutschen Soldatenfriedhofes am 28. Juni 1969 zum Symbol der vielen unnötigen Toten bei der Apennin-Verteidigung. Über 30.000 Gefallene sind in diesem Gräberfeld bestattet, damit ist dies der größte deutsche Soldatenfriedhof in Italien. Was mich bei dem Besuch jedoch mehr beeindruckt hat als die schiere Masse der Gräber, waren die einzelnen Grabsteine. Viel zu oft liegt dort ein junger Mann begraben, der nicht einmal 25 Jahre alt werden durfte.

Architektonisch soll der Soldatenfriedhof eine unendliche Spirale darstellen. Eine 2 km lange Mauer zieht sich spiralförmig den Berg hinauf, auf dem neben der Mauer verlaufenden Fußweg passiert man 72 große Gräberblöcke. Dort markieren gut 10.000 liegende Grabzeichen aus grauem Granit die Gräber von jeweils zwei bis vier gefallenen Soldaten. Am höchsten Punkt der Bergkuppe liegen der Ehrenhof und die Krypta mit dem Kameradengrab.

Jedes Jahr im Sommer haben Schulklassen und Jugendgruppen aus Deutschland die Möglichkeit, sich in der dem Soldatenfriedhof angeschlossenen Jugendbegegnungsstätte bei leichten Pflegearbeiten auf dem Gräberfeld ganz anschaulich mit der Geschichte und den Folgen eines Krieges zu beschäftigen.

Sie passieren den deutschen Soldatenfriedhof und erreichen einen Kreisverkehr (WP327). Dort geht es links zum eigentlichen Futa-Pass und zum Hotel, rechts nach Monte di Fò und Santa Lucia.

Beliebte Rennstrecke

Bei der Austragung des legendären Autorennens Mille Miglia in den Jahren 1927 bis 1940 und 1947 bis 1957 war der Futa-Pass Teil der Rennstrecke. Immer wieder gingen Fahrer große Risiken ein, um einen Platz ganz vorne zu erlangen. Bei einem der Rennen fuhr das deutsche Team Hans Hermann und Herbert Lingen auf eine Bahnstrecke zu und stellte zu spät fest, dass der Bremsweg nicht mehr ausreichen würde. Also zogen sie die Köpfe ein und fuhren unter der bereits geschlossenen Bahnschranke hindurch - nur wenige Meter vom herannahenden Schnellzug entfernt!

Nach einem schweren Rennunfall mit 12 Toten wurde das eigentliche Rennen eingestellt. 1958 bis 1961 wurde nur noch eine Ralley mit wenigen Zeitnahmen veranstaltet, danach wurde es zunächst ruhig um die Mille Miglia. Erst 1977 lebte die Tradition dieser „1.000 Meilen“ wieder auf. Noch heute kann der arglose Wanderer sich über die vielen Oldtimer aller Marken wundern, die dicht an dicht die Passstraßen des Apennin hinauf und hinab kurven. Inzwischen hat die Mille Miglia aber ihren sportlichen Renncharakter völlig verloren und ist eher eine touristische Ausfahrt, bei der es auf Gleichmäßigkeit der Fahrt und Zuverlässigkeit des Fahrzeugs ankommt. Einmal im Jahr können die Reichen Europas ihre gut erhaltenen oder wieder zusammengebauten Schätzchen aus der Garage holen und mit ihresgleichen von einem kulinarischen Höhepunkt zum nächsten fahren. Die heutige Strecke führt von Rom über Viterbo, Radicofani und Siena zum Futa-Pass, danach weiter über Bologna, Modena, Parma und die Republik San Marino zurück nach Rom.

Der Futa-Pass wurde von 1937 bis 1956 bei den Motorrad-Langstreckenrennen von Mailand nach Tarent befahren und war bis 1967 beim Straßenkurs von Mugello Teil der WM-Strecke.

Monte di Fò ➲ 2,5 km

Hotel Ristorante Il Sergente, Via S. Lucia, 26, 50030 Monte di Fò, Barberino di Mugello, ☏ 055/842 31 27, FAX 055/842 30 01, www.ilsergente.it, albergo@ilsergente.it, ➲ 2,5 km, 20 Betten, ÜF im EZ € 40, HP € 45, VP € 50, im DZ € 30/45/50,) 23.12. bis 05.01. geschlossen. Garten, (€ 40) (nur kleine Hunde)

Camping Il Sergente, Parco di Vacanza, 50030 Loc. Monte di Fò, ☏ 055/842 30 18, FAX 055/84 23 99 07, www.campingilsergente.it, info@campingilsergente.it, ➲ 2,5 km, Ü € 7,70, Kinder € 4,40, Zelt € 6,20, inkl. Dusche. 5 Mobile homes und 2 Apartments je € 25 p.P., Bunkhouse (Schlafsaal) mit 18 Betten € 15 p.P.

Linie 301b von/nach Florenz, La Traversa, Futa und Florenz, 4- 8x tägl.

Santa Lucia ➲ 4 km

Albergo Gualtieri, Via S. Lucia 5, Santa Lucia, 50031 Barberino di Mugello, ☏ 055/842 31 63, FAX 055/842 30 51, albergogualtieri@hotmail.it, ➲ 4 km, 18 Betten, ÜF EZ € 53, DZ € 78,

♦ **B&B Belvedere**, Via Panna 51, Santa Lucia, 50031 Barberino di Mugello, ☏ + FAX 055/842 30 95, www.belvederedimugello.it, miaccino@tiscali.it, ➲ 4 km, 3 FeWo mit 11 Betten, ÜF DZ € 50, DBZ € 60, VBZ € 80, Sauna, Fitnessraum,

Linie 301b von/nach Florenz, La Traversa, Futa und Florenz, 4-8 x tägl.

☺ **Santa Lucia** lässt sich über den CAI-Weg 52 erreichen, das ist angenehmer zu laufen als über die Straße.

Etappe 9: Passo della Futa - S. Agata Mugello

➲ 12,8 km, ↑ 504 m, ↓ 1.051 m, ⇧ 354-1.114 mNN

0 km	⇧ 898 mNN	Passo della Futa
3,4 km	⇧ 1.114 mNN	Monte Gazzaro
5,0 km	⇧ 917 mNN	Passo dell'Osteria Bruciata
12,8 km	⇧ 354 mNN	S. Agata Mugello BANK

Die abgelegenste und einsamste Etappe führt vom berühmten Futa-Pass auf schmalen Waldpfaden zum Monte Gazzaro. Im Bereich um diesen Berg herum bedarf es guter Konzentration und Trittsicherheit. Ansonsten lässt es sich auf mittelschwerem Terrain gut ausschreiten und die Natur genießen.

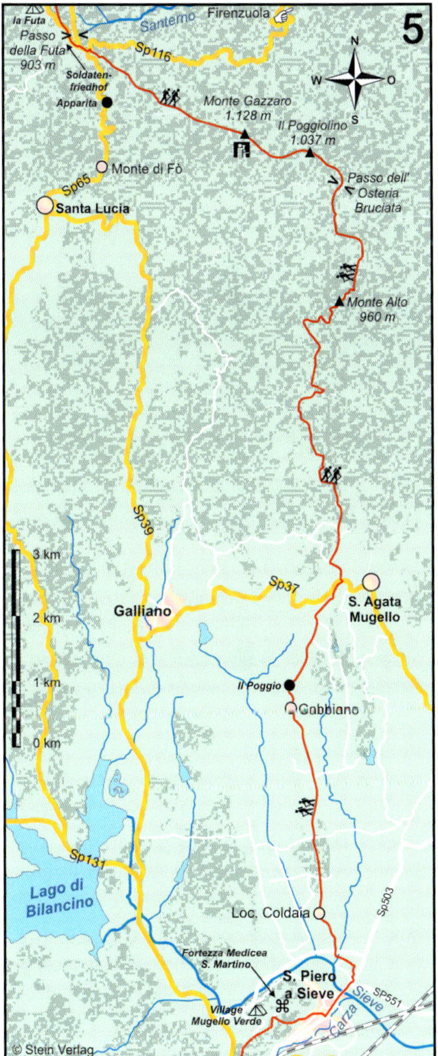

Gehen Sie an der Kreuzung weiter geradeaus Richtung Bologna und folgen Sie der ersten Straße nach links Richtung Firenzuola. Aber schon nach 25 m biegen Sie rechts ab (N 44° 05.618' E 11° 16.741') und gehen an der Stromverteilerstation rechts auf dem Weg 00 Richtung Osteria Bruciato und Passo Giogo. Hier verläuft auch eine Mountainbikestrecke, also bitte nicht erschrecken, wenn ein Radler an Ihnen vorbeigeflitzt kommt.

Hier beginnt der lang gezogene Anstieg zum

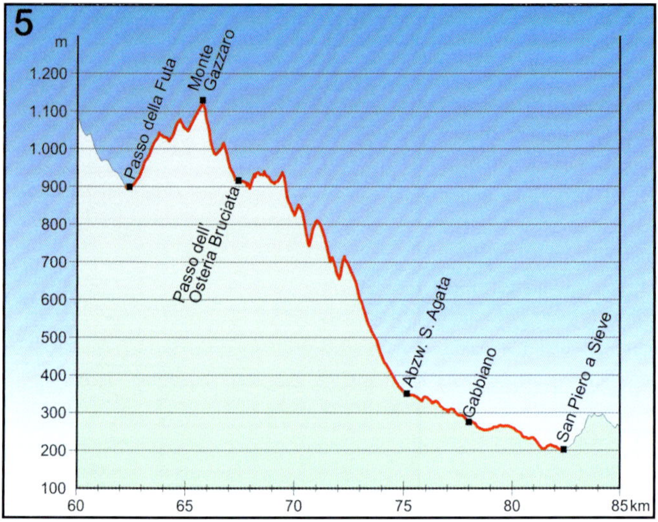

Monte Gazzaro. Der Weg führt zunächst leicht, später steil bergauf durch den Wald. Hinter einer alten, verrosteten Antenne wird es flacher. An der nächsten Gabelung nehmen Sie den linken Weg, ab hier geht es wieder steiler bergauf. Der Weg verläuft auf dem Kamm und passiert eine eingezäunte riesige Tafel ohne Text. Was sie dort wohl soll?

1,4 km hinter dem Pass erreichen Sie den Abzweig nach **Apparita**. Hier kommen Sie an, wenn Sie in Monte di Fò übernachtet haben und in Apparita dem Weg GEA gefolgt sind. Der Götterweg führt an diesem Abzweig geradeaus. Der Wald lichtet sich und der Weg führt über eine mit Farn und Ginster bewachsene Lichtung. An der nächsten Wegkreuzung gehen Sie geradeaus auf dem Weg CAI 00 weiter Richtung Bruciato und Passo Giogo. Immer noch geht es bergauf und über eine offene Fläche zu einem etwa 8 m hohen, ehemals weißen Metallkreuz auf dem Gipfel des **Monte Gazzaro** (1.128 m). Hier können Sie eine Rast machen, die Aussicht über die toskanische Hügellandschaft genießen und sich ins Gipfelbuch eintragen.

Sie laufen auf dem Kamm dieses bewaldeten Berges bergab und bergauf. Nun geht es zunächst leicht, später steiler bergab. Die Kraxeleien bergab zwischen groben Felsen, Geröll und Bäumen sind an Regentagen ein kleines Abenteuer und bei jedem Wetter nur wirklich trittsicheren Wanderern zu empfehlen.

Sie gehen am Wegweiser für einen Aussichtspunkt (Punto Panoramico) links bergab.

Dieses Teilstück ist ein echtes Steilstück. An keiner anderen Stelle der Via degli Dei ist die Rutsch- und Sturzgefahr größer!

Nach einem kleinen Tal führt der Weg unterhalb des Gipfels des **Il Poggiolino** (1.037 m) durch Buschland bergauf und bergab. Wenn Sie an eine Wiese kommen, halten Sie sich eher links, gehen also am linken Wiesenrand entlang, bis ein Weg nach links abzweigt. Diesem folgen Sie bis zu einer dreieckigen Stele (N 44° 04.512' E 11° 19.688'), die den Standort der **Osteria Bruciata** (verbranntes Gasthaus) markiert.

Das verbrannte Gasthaus

Einer alten Legende nach stand hier eine Osteria, in der Schreckliches geschah. Wenn Reisende im hohen Mugello den Grat zwischen den Tälern von Sieve und Santerno erreicht hatten, waren sie froh, auf der Höhe eine Taverne zu finden. Sie versprach die ersehnte Erfrischung, Verpflegung und ein Nachtlager. Die Aufnahme war freundlich, die Preise gerecht, das Essen schmackhaft. Noch nie hatte man diese Art von Fleisch gegessen. Der Wirt sprach geheimnisvoll von einer seltenen Art von Wildbret, die nur in dieser Region zu finden sei.

Dass in der unwirtlichen Gegend nicht jeder Wanderer sein Ziel erreichte, wunderte die Einheimischen anfangs nicht sonderlich. Immerhin konnte man unterwegs jederzeit durch ein wildes Tier oder einen Sturz von einem steilen Hang zu Tode kommen. Als man allerdings merkte, dass die große Zahl der Vermissten ausgerechnet den Weg an diesem Gasthaus vorbei gewählt hatte, wurde man skeptisch und stellte Nachforschungen an. Vor Ort fanden die entsetzten Angehörigen heraus, dass der Gastwirt einen Teil seiner Gäste nach dem Abendessen ausraubte und tötete. Dabei ging es nicht nur um die mitgeführten Wertgegenstände, sondern auch um das Opfer selbst. Dieses wurde nämlich fachgerecht zerteilt, in der Küche zubereitet und den nächsten Gästen als Nachtmahl vorgesetzt. In ihrem unermesslichen Zorn brannten die Entdecker dieser schaurigen Geschäftspraxis die Osteria mitsamt Inhaber nieder.

Historisch lässt sich diese Legende nicht belegen. Eine andere Quelle berichtet „nur" davon, dass diese Osteria ein Räubernest beherbergte.

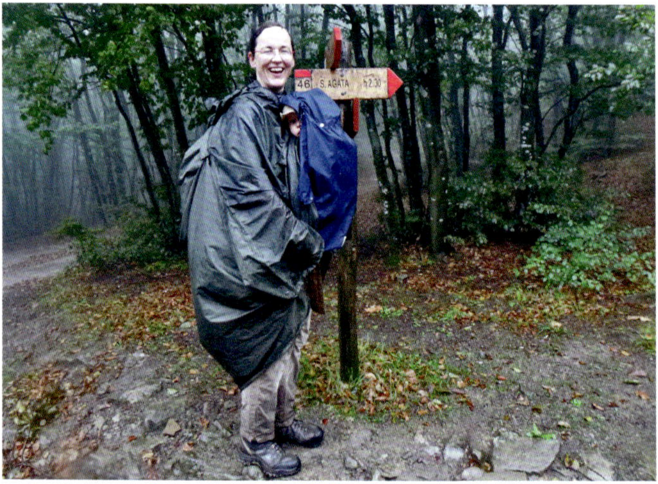

Passo dell'Osteria Bruciata - gut gelaunt trotz Regen.

Hier am Passo dell'Osteria Bruciata folgen Sie dem Weg nach rechts Richtung S. Agata (Markierung CAI 46). Die Via degli Dei führt hier auf einem breiten und fast ebenen Weg durch den Mischwald. Später geht es leicht bergab. Sie passieren einige auffällige Felsen, der Untergrund enthält hier auch recht viel Schiefer.

Bald kommen Sie an einer Ruine vorbei, die an ganz schlimmen Regentagen im unteren Gebäude notdürftigen Schutz bietet. Der Götterweg führt nun auf dem Waldweg sanft bergab. An der Gabelung mit der Eiche gehen Sie links, die Markierung 00 ist hier auf einem Stein am Boden zu finden. Sie kommen zu einer Wegkreuzung, an der Sie nach links dem Schild „S. Agata 1 h" folgen. Nach 30 m biegen Sie an einer T-Kreuzung rechts ab und auch an der nächsten T-Kreuzung nehmen Sie den rechten Weg (Markierung CAI 46).

Sie kommen nun an eine Einmündung von rechts, an der auch wieder ein Hinweisschild für die Ippovia Pegaso zu finden ist. Hier wandern Sie auf dem Weg nach links weiter, er führt steil bergab. An der nächsten Kreuzung gehen Sie dann links bergauf. Nach einem Ausblick über die Täler des Mugello laufen Sie nach rechts weiter (Markierung Bo-Fi). Der Weg führt bergab und bezaubert im September durch zahlreiche Herbstzeitlose (Herbstkrokusse).

Ein offenes Gelände fällt wegen seines hellen Bodens ins Auge. Hier gehen Sie an der Gabelung links bergab. Hinter einer Wendestelle im Wald wandern Sie geradeaus weiter. Nun kann man schon die Kirchenglocken hören und rechts ein erstes Gebäude sehen. Dort folgen Sie dem Schotterweg geradeaus (Markierung Bo-Fi). Sie passieren ein rotes Haus. Die Allee, auf der Sie sich nun befinden, führt sanft bergab.

Sie treffen auf eine Teerstraße, hier gehen Sie links bergab. Das Sträßchen ist wenig befahren und heißt Via di Lumena. Sie erreichen die Hauptstraße (SP37, N 44° 01.272' E 11° 19.695'), hier setzen Sie den Weg geradeaus fort. Links geht es zu einer Bushaltestelle (➲ 50 m) und nach S. Agata.

S. Agata Mugello ➲ 250 m

Agriturismo Catelaccio, Via Montepoli 11/E, 50038 Sant'Agata, ☏ + FAX 055/840 66 24, 338/284 28 83, catelaccio@libero.it, ➲ 100 m, 2 Apartments mit Kamin und insgesamt 8 Betten, Ü für 1-4 Personen € 130-160, Bauernhof mit Obst- und Gemüseanbau, keine Verpflegung, nur mit Reservierung, nur kleine Hunde

♦ **B&B Il Colle**, Via Montaccianico 52, 50038 Sant'Agata, ☏ + FAX 055/840 67 52, 338/217 01 66, agriturismo.lacastellana35@gmail.com, ➲ 900 m, 4 Betten, ÜF EZ € 45, DZ € 55

⌘ **Sant'Agata Artigiana e Contadina di Leprino**, Centro Polivalente, ☏ 055/840 67 50, Handwerks- und Bauernmuseum mit lebensgroßen Figuren

✞ Die **Pfarrkirche Sant'Agata** stammt aus dem 12. Jh. (nach manchen Quellen auch aus dem 5. oder 10. Jh.), ist eines der besten Beispiele romanischer Kirchenarchitektur in Mugello und beherbergt im angeschlossenen Museum (☏ 055/840 68 53, www.museisantagata.it, Apr bis Okt So/Fei 16:00-17:00, Nov bis März 15:00-18:00) eine beachtliche Sammlung sakraler Kunst.

Linie 302 von/nach Florenz, Mo bis Fr bis zu 8 Fahrten

♦ Linien 305 und 307 von/nach San Piero a Sieve

Etappe 10: S. Agata Mugello - Gabbiano

2,8 km, ↑ 26 m, ↓ 97 m, ⇧ 282-354 mNN
Karte Seite 105 und Höhenprofil Seite 106

0 km	⇧ 354 mNN	S. Agata Mugello
2,8 km	⇧ 282 mNN	Gabbiano

Auf den Etappen 10 und 11 erwartet Sie sehr leichtes Gehen auf leicht abschüssiger Straße. Sie ist wenig befahren und bietet kaum Schatten.

Der Götterweg kreuzt hier die SP37 und führt halb rechts auf einer Schotterpiste Richtung Gabbiano. Von S. Agata kommend laufen Sie über die SP37 zurück bis zu der Kreuzung mit den fünf Straßen/Pisten und nehmen die zweite Möglichkeit von links.

Ein Wegweiser informiert Sie darüber, dass das Etappenziel in S. Piero a Sieve noch zwei Stunden entfernt liegt. Folgen Sie der Markierung des CAI-Weges 46 bis zu einer Gabelung. Hier nehmen Sie den rechten Weg (Bo-Fi) und passieren einen Hof. Die breite Schotterpiste, auf der der Götterweg hier

Felder in Gabbiano

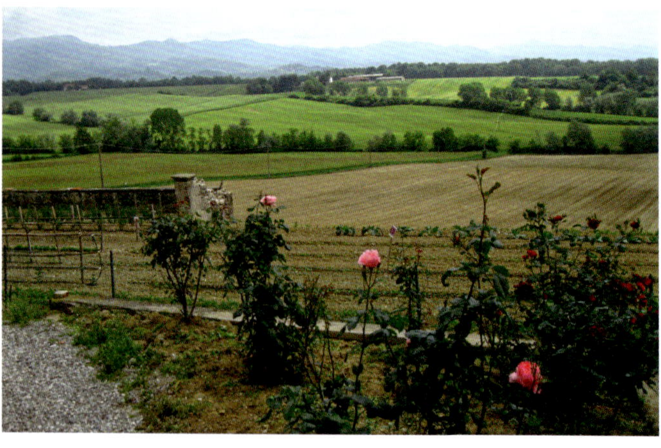

durch das offene Land führt, verläuft parallel zu einem Feldweg. Hinter einer Linkskurve passieren Sie einen Hof und einen Biohof. Sie laufen auf der Höhe zwischen zwei Tälern, einige Zypressen lassen ein erstes Toskana-Gefühl aufkommen. Ein weiterer Hof, Il Poggio, wird passiert. Hier endet die Schotterpiste, nun laufen Sie auf Teer weiter.

Passieren Sie das B&B und ignorieren Sie die Privatstraße von rechts. Kurz nachdem Sie den kleinen Friedhof passiert haben, erreichen Sie

Gabbiano

Koordinate N 43° 59.999' E 11° 19.217' (Kirche)

B&B Il Nido di Gabbiano, Via di Gabbiano 15, Scarperia, 340/547 37 50, FAX 055/840 63 07, www.ilnidodigabbiano.it, info@ilnidodigabbiano.it, am Weg (nördlich des Ortes), 12 Betten, ÜF EZ € 65, DZ € 90, DBZ € 110, Abendessen € 15-25, Inhaber sprechen Englisch, Garten,

Etappe 11: Gabbiano - S. Piero a Sieve

4,3 km, ↑ 28 m, ↓ 107 m, ⇧ 201-282 mNN

Karte Seite 105 und Höhenprofil Seite 106

0 km	⇧ 282 mNN	Gabbiano
4,3 km	⇧ 201 mNN	S. Piero a Sieve BANK

Auf der schattigen Allee wandern Sie weiter sanft bergab und an einem Hof vorbei. Die Straße führt nun durch den Wald zum nächsten Hof. Dahinter gehen Sie an einem Wohnhaus vorbei und auf der Allee bergab. Die hier verstreut liegenden Häuser bilden den Weiler Loc. **Coldaia**. Von hier aus ist das Etappenziel S. Piero a Sieve schon zu sehen. An der nächsten Kreuzung gehen Sie geradeaus und folgen der Straße am Ortseingangsschild durch eine Linkskurve. Sie gehen nun leicht bergauf und geradeaus, laufen also in einer Einbahnstraße gegen die Fahrtrichtung. An einigen Häusern vorbei führt der Weg weiter, um Sie dann zwischen Feldern und Strommasten hindurch zur SP503 zu bringen. Hier wandern Sie nach rechts weiter, gehen also auf dem Fußweg neben der Allee bergab zur Bushaltestelle.

Alternativ können Sie auch hinter dem letzten Haus vor den Feldern/ Strommasten 20 m an der Mauer entlang durch das Gras laufen. Sie gelangen auf einen Weg, der Sie durch einen Park zur Bushaltestelle an der Statue bringt.

Rechter Hand sehen Sie an der Einmündung der Via Donatello (Donatello war ein florentinischer Bildhauer, 1386-1466) eine Statue von Emilio Materassi (1894-1928), einem italienischen Grand-Prix-Rennfahrer, der bei seinem tödlichen Unfall im Autodrom Monza 20 Zuschauer mit in den Tod riss. Sie passieren einen Sportplatz und das Hotel Ebe. Unmittelbar dahinter überqueren Sie auf der SP551 (Via Provinciale) den Fluss Sieve.

S. Piero a Sieve

Koordinate N 43° 57.906' E 11° 19.684' (Sieve-Brücke)

www.comune.san-piero-a-sieve.fi.it

Albergo La Felicina, Piazza Colonna 14, 50037 S. Piero a Sieve, ☎ 055/849 81 81, info@hotellafelicina.com, 200 m, 21 Betten, Ü EZ € 52, DZ € 74, Abendessen € 25, Frühstück € 6, € 8. Wi-Fi, Leseraum, Veranda, Garten, (z.B. nach Olmo für € 55)

Vor vielen Jahren vor dem Albergo La Felicina ©

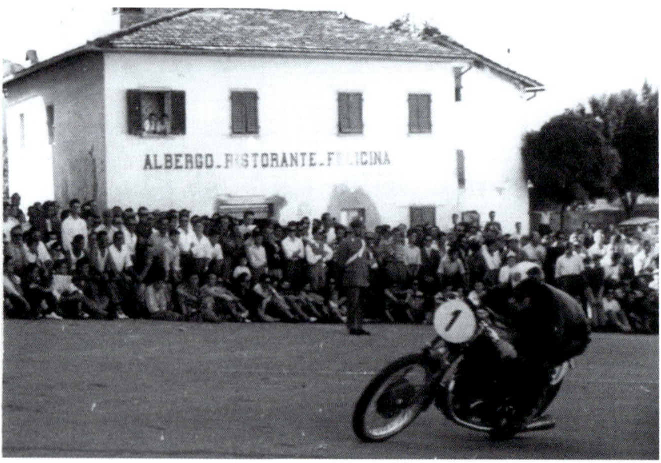

Hotel Ebe, Via Provinciale 1, 50037 S. Piero a Sieve, 055/84 80 19 + 849 83 33, FAX 055/84 85 67, www.villaebe.com, infoebe@yahoo.it, am Weg, 47 Betten, ÜF EZ € 60-80, DZ € 80-110, DBZ € 90-115,

♦ **B&B La Pieve**, Via Provinciale 34, 50037 S. Piero a Sieve, 055/848 71 82, 349/766 67 45, www.lapievebeb.it, f.innocenti2@virgilio.it, am Weg, 10 Betten, ÜF € 25, Frühstück ab 6:00 möglich. Küche für die Gäste, gemütlicher Garten, (€ 15 p.P.)

Camping Village Mugello Verde, Via Massorondinaio 39, 50037 S. Piero a Sieve, 055/84 85 11, FAX 055/848 69 10, www.florencecamping.com, mugelloverde@florencevillage.com, 500 m, Ü € 7,50-9,50 (je nach Saison), Kinder € 3,50-5, Zelt € 4-6. Es werden auch Wohnungen (21/42 m², ab € 55) und Mobil homes (ab € 35) vermietet. Juni bis Sep, @

San Pietro wurde im 11. Jahrhundert erbaut, danach mehrfach restauriert. Sehenswert ist das Taufbecken aus dem Jahr 1518. Giovanni della Robbia schuf das sechseckige Kunstwerk aus Terrakotta und verzierte es mit Szenen aus dem Leben Johannes des Täufers. Der Campanile stammt aus dem Jahr 1607.

⌘ **Fortezza Medicea S. Martino**: Die Familiendynastie der Medici ließ oberhalb des Ortes die Festung San Martino errichten. Sie gilt als eine der imposantesten Medici-Festungen, wurde aber von Angreifern nie auf die Probe gestellt.

Wochenmarkt Sa nachmittags

Linie 302 von/nach Futa (2-3 x tägl.) und nach Florenz (Mo-Fr 16:02)

♦ Linien 305 und 307 von/nach Sant' Agata

Die Kirche San Pietro ist Namensgeber des Ortes **San Piero a Sieve** am Flüsschen Sieve. Er war im Mittelalter eine wichtige Station für Reisende und lebt heute in erster Linie von der Landwirtschaft im fruchtbaren Umland.

Die Medici

Die Medici stiegen von der einfachen Florentiner Familie, die sie im 13. Jahrhundert noch gewesen waren, durch Handel, Bankgeschäfte, geschicktes Taktieren und ihre Verbindungen mit der Volkspartei der Popolaren zur wohl einflussreichsten Dynastie der Republik Florenz auf. Im 15. und 16. Jahrhundert waren sie insbesondere wegen ihrer guten geschäftlichen Verbindungen zur päpstlichen Kurie faktisch die alleinigen Herren der Republik Florenz und der Toskana. Auf diese einerseits wohlhabende und angesehene, andererseits mächtige und unbarmherzige Familie geht ein großer Teil der Kunstschätze der Region zurück.

Etappe 12: S. Piero a Sieve - Monte Senario

(🛏 in Bivigliano)

⊃ 13,8 km, ↑ 968 m, ↓ 373 m, ⇧ 201-796 mNN

0 km	⇧ 201 mNN	S. Piero a Sieve ⌘ BANK
4,1 km	⇧ 435 mNN	Trebbio ⌘
7,2 km	⇧ 265 mNN	Tagliaferro
10,3 km	⇧ 590 mNN	Klosterruine Badia Buonsollazzo ✝
12,0 km	⇧ 755 mNN	Abzweig Bivigliano
13,8 km	⇧ 796 mNN	Monte Senario ✝

Eine abwechslungsreiche Etappe mit offener Landschaft, Wald und Weinbergen wartet auf Sie. Die Via degli Dei führt auf Feldwegen und Nebenstra-

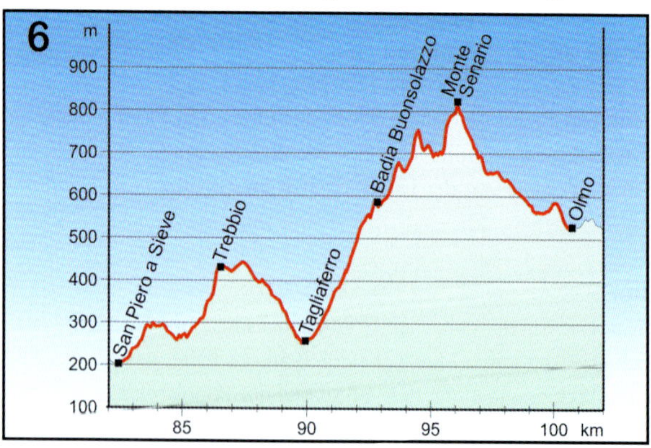

ßen hinauf nach Trebbio, dann hinab nach Tagliaferro und wieder bergauf zur Klosterruine Badia Buonsollazzo. Dahinter gehen Sie auf einsamen Waldpfaden leicht bergauf zum Monte Senario.

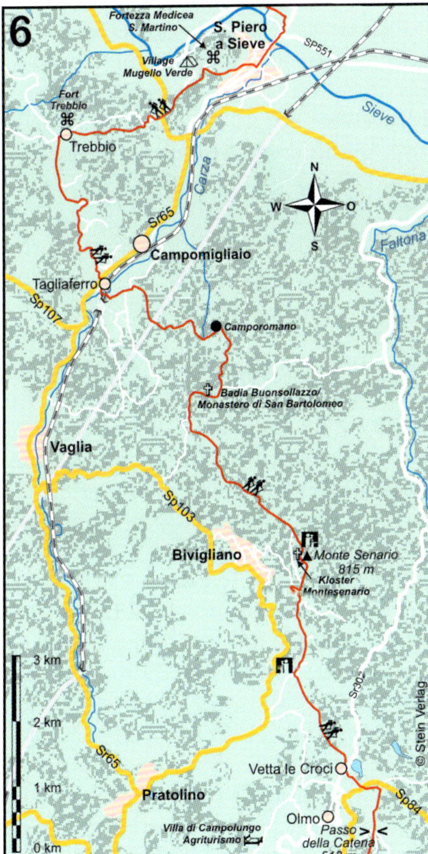

An der Kirche biegen Sie rechts ab und gehen durch die Via dei Medici bergauf. Hier folgen Sie den Wegweisern zur Fortezza Medicea S. Martino, gehen also an der Bibliothek in der Villa Adami rechts den Berg hinauf. Die Straße wird zum Waldweg und führt an einer Mauer entlang. Kurz nach deren Ende gehen Sie an einer Gabelung rechts am Zaun entlang und stetig bergauf. Rechter Hand haben Sie einen Blick hinüber zum Fort. Bald geht es wieder bergab.

An einer T-Kreuzung mit einem verrosteten Tor biegen Sie links ab (Markierung SOFT 8, Luoghi medicei del Mugello, Trebbio). Nach 20 m gehen Sie an der Gabelung geradeaus zwischen Stromleitung und Zaun weiter. Hier tauchen auch wieder die beiden gelben Punkte der Via degli Dei auf.

Nun passieren Sie einen Hof und bleiben dahinter auf dem bisherigen Weg, der nach rechts schwenkt. Sie laufen durch einen kleinen Weinberg (📷 Titelbild), queren dahinter eine Straße und folgen ihr nach rechts. Aber schon nach 30 m wandern Sie links die kleine Straße Richtung Trebbio hinauf (Markierung CAI 19, Bo-Fi). Der Teerbelag endet bald, dann geht es auf einer Schotterpiste durch Zypressen- und Eichenwald bergauf. Hinter einem Heiligenbildchen nehmen Sie an der Gabelung den rechten Weg, also die breitere Piste bergauf. An einer Einmündung von links gehen Sie weiter geradeaus auf der Ortsverbindungspiste hinauf nach **Trebbio** (📷 Seite 2-3) (N 43° 57.155' E 11° 17.208').

➪ Rechts können Sie einen kleinen Abstecher zum ⌘ Fort Trebbio mit seinen schönen Gartenanlagen machen, das allerdings nicht besichtigt werden kann.

⌘ Um 1430 gab Cosimo il Vecchio de' Medici dem Florentiner Architekten Michelozzo den Auftrag, auf den alten Turmruinen einer frühen Medici-Villa ein Castello zu bauen. Das massige quadratische Gebäude wird von einem einzelnen Eckturm überragt und ist inzwischen von hohen Zypressen umwachsen. Es wird erzählt, dass der berühmte Seefahrer Amerigo Vespucci dort zu Gast war.

Am Abzweig zum Fort laufen Götterwegwanderer geradeaus bis zur Kirche, dahinter links auf der Anello Principale Richtung Monte Senario (Markierung SOFT 17). Die Piste führt an einzelnen Häusern vorbei leicht bergab durch die Weinberge. An der nächsten Gabelung folgen Sie geradeaus dem Weg mit dem groben Schotter. Sie erreichen die SP65 in **Tagliaferro** 🚌 Linie 307 (N 43° 55.976' E 11° 17.630').

Die Nationalstraße überqueren Sie am besten auf dem Zebrastreifen zwischen den beiden 🚌 Bushaltestellen. Nun steigen Sie zehn Stufen hinab (Markierung CAI 00, Bo-Fi) zum eigentlichen Ort. Unten angekommen folgen Sie der Straße nach rechts und gehen am Ende der Betonmauer links auf einer Privatstraße über eine Brücke. Dahinter biegen Sie links ab und wandern in den Wald hinein. Die Via degli Dei führt jetzt unter einer Bahnlinie hindurch. An der T-Kreuzung mit der großen Eiche gehen Sie links am Feldrand weiter bergauf. Nach links können Sie noch einmal einen Blick zurück zur N65 und nach Trebbio werfen.

Am Ende einer Eichenreihe gehen Sie geradeaus (Markierung CAI 00). Lassen Sie sich nicht von den Markierungen verwirren, denn der Bo-Fi wird hier nach rechts weggeleitet. Vor einem roten Haus laufen Sie rechts am Feldrand hinauf in den Wald. Kurz vor der Zufahrt zu einem einzeln stehenden Haus geht es leicht bergab, direkt nach dem Haus aber wieder heftig bergauf.

Genussvolles Wandern durch Weinberge

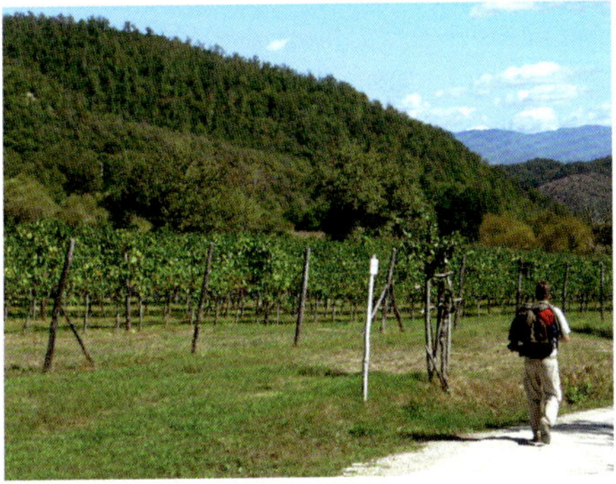

Sie unterqueren eine Stromleitung. Dahinter führt der Götterweg immer wieder leicht bergab und bergauf. Hinter einem (im Sommer ausgetrockneten) Bach kommen Sie zum **Camporomano**. Hier lädt ein Felsblock zu einer Rast ein, bevor es rechts am Waldrand steil den Berg hinaufgeht. Den Namen trägt das Feld, weil hier häufiger römische Legionäre gelagert haben sollen.

Der Pfad führt parallel zum Feldrain des Camporomano. An einer Eiche biegen Sie rechts ab und gehen auf dem nun etwas breiteren Weg bergauf durch den Niederwald. Hinter zwei Felsbrocken, auf denen man gut sitzen kann, biegen Sie rechts ab und an der folgenden T-Kreuzung links. Sie kommen auf eine Wiese. An deren Ende treffen Sie an einer Pilgermadonna auf einen Teerweg. Hier wandern Sie rechts zur Klosterruine **Badia Buonsollazzo**.

Guter Trost

Diese ehemalige Abtei an der Nordseite des Monte Senario hat zwei Namen: Badia Buonsollazzo (Abtei Guter Trost) und Monastero di San Bartolomeo (Kloster des heiligen Bartholomäus). Der Legende nach soll sich hier ein toskanischer Graf in der Wildnis verirrt und als Dank für seine Rettung eine

Abtei gründen lassen haben. Erstmals urkundlich erwähnt wurde sie 1084 als Benediktinerkloster, ab 1320 war sie Zisterzienserkloster. Nachdem die Trappisten das Kloster 1705 übernommen hatten, wurde es von Grund auf saniert. Zuletzt wurde es von Kamaldulensern bewohnt, das ist ein kleiner katholischer Einsiedlerorden. Seit 1782 steht das Kloster leer. Die Gebäude verfallen zusehends. Zwar kaufte ein privater Investor schon vor etlichen Jahren Grundstück und Gebäude, von einer Sanierung oder einem Umbau ist aber nichts zu sehen. Bleibt also nur zu hoffen, dass es für die Badia Buonsollazzo am Ende einen ihrem Namen entsprechenden guten Trost in Form einer baulichen Erhaltung der Klostergebäude geben wird.

Badia Buonsollazzo

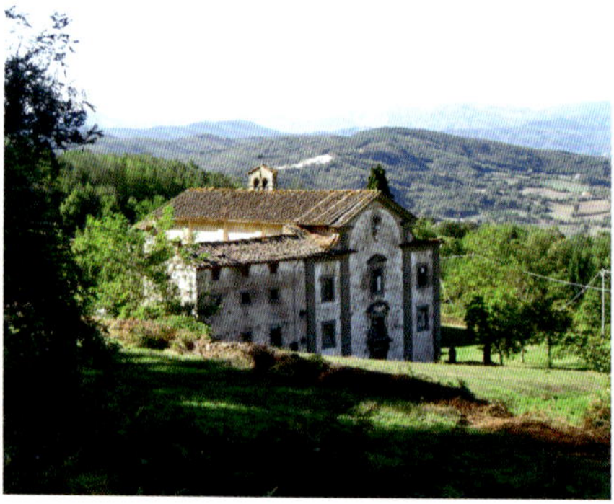

Folgen Sie der Straße im weiten Bogen um die Ruine herum. Auf Höhe des oberen Gebäudes nehmen Sie den Pfad, der scharf links bergauf führt. An der T-Kreuzung folgen Sie dem Pfad nach links. Nach 100 m erreichen Sie die nächste T-Kreuzung, hier biegen Sie rechts ab. Bald darauf finden Sie auf einer Lichtung eine Hausruine. Dort gehen Sie links und kurz vor Ende der Wildkräuterwiese rechts auf einem Pfad durch den Wald bergauf.

Der Pfad trifft auf einen breiteren Weg, hier wandern Sie nach links zum **Croce di Melago**. An dieser Kreuzung halten Sie sich halb rechts und gehen weiter bergauf. Der Weg wird flacher. Am Abzweig nach Bivigliano (N 43° 54.311' E 11° 19.131') wandern Sie weiter geradeaus. Hier verläuft auch der CAI-Rundweg 65 von Caldine über Montesenario nach Vaglia.

☺ Wer in Bivigliano übernachten will, sollte wissen, dass es von hier nur 2,1 km bis zur nächsten Unterkunft sind, von Montesenario aber 2,8 km und mehr.

Bivigliano

2,5 km

Koordinate N 43° 53.736' E 11° 19.282' (Giotto Park Hotel)

B&B Cortevecchia, Via Corte Vecchia 124, 50030 Bivigliano, 055/40 67 43, 335/36 11 93 + 347/456 06 50, www.bbcortevecchia.it, info@bbcortevecchia.it, 2,1 km, 6 Betten, ÜF EZ € 30-40, DZ € 50-65,

♦ **Albergo Trattoria La Bruna**, Via della Fittaccia 5, 50036 Bivigliano, + FAX 055/40 66 14, www.hotellabruna.com, info@hotellabruna.com, 2,3 km, 16 Betten, ÜF EZ ab € 35, DZ ab € 65,

♦ **Giotto Park Hotel**, Via Roma 69, 50030 Bivigliano, 055/40 66 08, FAX 055/40 67 30, www.villagiotto.com, informazioni@villagiotto.com, 2,5 km, altes Herrschaftshaus mit Dependance (mit preiswerteren Zimmern) im parkähnlichen Garten, ÜF EZ € 40/55, DZ € 70/85, DBZ € 100/105, VBZ € 115, HP plus € 15. Die Inhaber sprechen Englisch.

Camping Poggio degli Uccellini, Via Poggio degli Uccellini 1050, 50036 Bivigliano, + FAX 055/40 67 25, www.poggiouccellini.it, info@poggiouccellini.it, 2,9 km, Stellplatz € 8,50, Ü € 8, Mietcaravan (2 Personen) € 35-50, Mobile home (2 Personen) € 50-90,

Die Pools auf dem Campingplatz können auch von Außenstehenden genutzt werden: € 7.

Linie 306 von/nach Florenz, 3x tägl.

Immer weiter wandern Sie geradeaus durch den schattigen Mischwald. Wenn Sie die Einmündung des CAI 1 von links passiert haben, wird der Weg breiter. Der Waldweg mündet in eine Straßen-Spitzkehre mit Heiligenbild. Hier gehen Sie links bergauf zum Monte Senario (Markierung CAI 65). Von hier oben haben Sie einen fantastischen Ausblick auf den Apennin und die Prato-Berge.

Monte Senario

Koordinate N 43° 53.751' E 11° 19.999'

1234 gründeten sieben Einsiedler aus Florenz das Stammkloster der Serviten. Es wurde der schmerzensreichen Muttergottes gewidmet. Die Grotten der Ordensgründer können heute noch besucht werden. Im Kloster Montesenario wird ein Klosterlikör hergestellt, für den viele Italiener weite Anreisen auf sich nehmen.

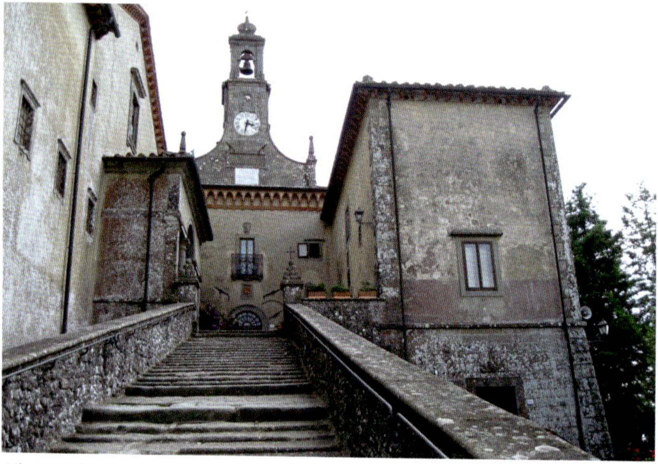

Kloster Montesenario

Die sieben Schmerzen Mariens

Jedem ist Maria als die stolze Mutter Jesu bekannt, oft auch als die freudenreiche Muttergottes. Insbesondere in katholischen Regionen wird sie allerdings besonders wegen ihrer Leidensfähigkeit verehrt und als Vorbild für den Umgang mit eigenen Sorgen angesehen. Die schmerzensreiche Muttergottes hatte nach weitverbreiteter Zählart insgesamt sieben Schmerzen zu ertragen:

1.) die Weissagung des Propheten Simeon, das Schicksal ihres Sohnes werde wie ein Schwert in Marias Seele eindringen
2.) die Flucht nach Ägypten nach Herodes' Mordbefehl
3.) die dreitägige Suche nach dem zwölfjährigen Jesus
4.) den Anblick ihres Sohnes auf seinem Kreuzweg
5.) die Kreuzigung und das leidvolle Sterben Jesu
6.) die Kreuzabnahme und Übergabe des Leichnams an Maria (als Pietà besonders oft in Kirchen dargestellt: Maria hält ihren toten Sohn auf dem Schoß und beweint ihn)
7.) die Grablege

Mo bis Sa 9:15-12:00 und 15:15-18:00, So 9:15-12:30 und 15:00-18:30

Linie 306 nach Bivigliano und Florenz, Mo bis Sa 17:10, So 14:00 und 18:00

Etappe 13: Monte Senario - Olmo

➲ 4,6 km, ↑ 46 m, ↓ 318 m, ⇧ 527-804 mNN
Karte Seite 115 und Höhenprofil Seite 114

0 km	⇧ 796 mNN	Monte Senario
3,0 km	⇧ 580 mNN	Zypresse mit Aussicht
4,6 km	⇧ 527 mNN	Olmo

Vom Kloster führt der Weg zunächst auf einer Allee ohne Autoverkehr am Friedhof vorbei bergab. Es folgt ein Straßenabschnitt mit traumhaften Fernblicken. Sogar Fiesole und Florenz sind schon zu sehen. Das letzte Drittel der Etappe besteht aus Wegen und Pfaden durch Wiesen und Weiden.

Vor der Schranke, also gegenüber der Bushaltestelle, aber sicher erst nach einer Besichtigung, gehen Sie rechts an der Klostermauer entlang. Rechter Hand fällt zu Bäumen gewachsener Ilex auf. Die Via degli Dei verläuft hier auf einem Stationsweg (Markierung CAI 00).

Links können die Grotten der Ordensgründer S. Filippo und S. Alessio besucht werden, rechts die Grotte von S. Maneto.

Bald passieren Sie den Friedhof von San Martino und folgen dem Kiesweg weiter bergab durch den dunklen Nadelwald. Er endet an einem Platz mit einem großen Holzkreuz in einer Straßenkurve. Hier folgen Sie der Straße nach halb rechts bergab bis zu einer T-Kreuzung. Hier haben Sie einen perfekten Blick hinab nach Florenz, wenn es nicht gerade nebelig oder regnerisch ist.

An dieser T-Kreuzung folgen Sie links der Via di Montesenario bergab. An der Einfahrt zu den Hausnummern 2227 und 2229 wandern Sie geradeaus weiter. Sie müssen leider noch etwa 1,3 km am Straßenrand bleiben, zum Glück ist die Straße aber nicht sonderlich stark befahren. Über weite Strecken verläuft die Strecke durch Schatten spendenden Nadelwald.

An der Zufahrt zur Hausnummer 2018 ist der Götterweg endlich auch wieder mit den zwei gelben Punkten markiert, außerdem als CAI-Weg 00. Sie passieren nun drei Bushaltestellen (Linie 306 von Bivigliano über den Monte Senario nach Florenz) und einige Häuser. An einer einzelnen großen, buschigen Zypresse mit einem Kreuz auf der Rückseite (N 43° 52.726' E 11° 19.894') führt die Via degli Dei von der Straße weg nach links in ein Feld (Markierung Bo-Fi, AR, zwei gelbe Punkte). Dieser Punkt ist gut für eine Rast geeignet, denn Sie haben auf einem Felsblock sitzend Ihr Ziel schon vor Augen. Von diesem Standpunkt aus reicht der Blick bis nach Fiesole und Florenz. Das Kreuz wurde zu Ehren der sieben Gründer des Klosters Montesenario errichtet.

Fernblick am Kreuz zu Ehren der sieben Gründer von Montesenario

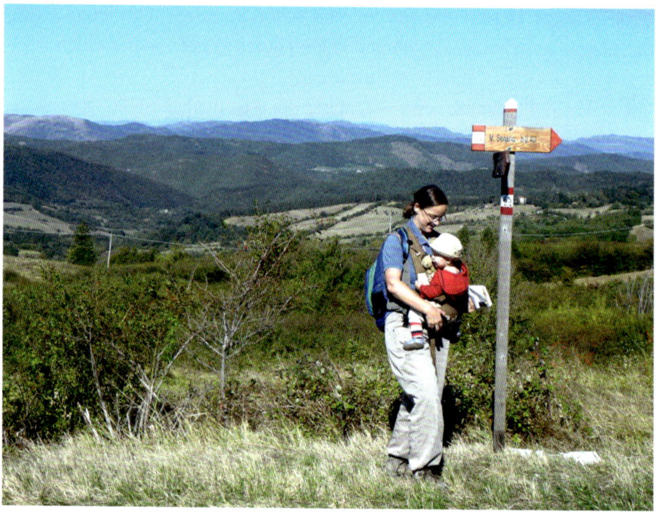

Der Ring der Renaissance

Die Wegweiser mit den Buchstaben AR weisen auf den Anello del Rinascimento, den Ring der Renaissance hin. Dies ist ein 170 km langer Rundweg um Florenz, der für Wanderer und Mountainbiker konzipiert wurde. Er umfasst 13 Tagesetappen, davon bilden acht Etappen einen weiten Ring Florenz, die übrigen fünf sind Abstecher zu Sehenswürdigkeiten und historischen Städtchen im Umland von Florenz. Ein Zweig des Weges führt von Vetta le Croci nach Fiesole und berührt mehrfach den Götterweg.

Gehen Sie am Feldrand entlang bergab, bis an einer Lücke in der Hecke ein Weg auftaucht. Diesem folgen Sie geradeaus bergab. An der Einfahrt zu einem Einzelhaus wandern Sie noch geradeaus weiter, dann beschreibt der Weg einen leichten Rechtsbogen zu einem Wäldchen.

Dort biegen Sie an einer T-Kreuzung links ab, gehen um eine Kuppe herum bergab und an der nächsten Wegkreuzung geradeaus weiter im Schatten der Bäume bergab (Markierung CAI 00) Richtung Croci. Der Götterweg verläuft hier auf einem angenehm zu laufenden Waldweg, der den Wanderer nach der langen Strecke am Straßenrand wieder mehr als versöhnlich stimmt.

Villa di Campolungo Agriturismo, Via Campilungo 1, Loc. Querciola, 50010 Fiesole-Caldine, ☏ 055/051 52 50, 348/495 00 83, www.villadicampolungo.it, info@villadicampolungo.it, ➲ 1,4 km (Über den CAI-Weg 14 gut zu erreichen, von dort dann über den CAI 14 nach La Querciola und Montereggi und auf dem CAI 9 zum Il Pratone (oder über Via dei Bosconi und Monte Fanna). Hier kann man dann - ohne einen Umweg gelaufen zu sein - den Weg wieder aufnehmen.) 19 Betten, ÜF DZ € 115-160 (keine EZ), Abendessen € 25 (plus Getränke), ungewöhnlich üppiges und köstliches Frühstück (für italienische Verhältnisse) mit frisch gebackenem Brot, selbst gemachter Konfitüre und regionalen Spezialitäten. Die Inhaber sprechen Englisch und Deutsch. (€ 30 für bis zu 5 Personen)

An der nächsten Gabelung gehen Sie rechts hinab zur N302. Hier zeigt ein Schild mit dem Text „Fiesole“ an, dass das Stadtgebiet des Zielortes hier am Nordzipfel von Olmo schon erreicht ist.

Olmo

Hotel Dino, Via Faetina 329, Olmo, 50010 Fiesole, ☏ 055/54 89 32, FAX 055/54 89 34, www.hotel-dino.it, info@hotel-dino.it, ➲ am Weg, 36 Betten, ÜF EZ € 50, DZ € 70, DBZ € 90, VBZ € 100, Aufschlag HP € 15, € 8, € 20,

Linie 319 nach San Piero a Sieve oder Florenz, ca. 4x tägl.

Etappe 14: Olmo - Fiesole

9,9 km, ↑ 271 m, ↓ 500 m, ⇧ 297-694 mNN

0 km	⇧ 527 mNN	Olmo
1,5 km	⇧ 517 mNN	Passo della Catena
4,3 km	⇧ 694 mNN	Poggio Il Pratone
8,4 km	⇧ 349 mNN	Villa dei Bosconi
9,9 km	⇧ 298 mNN	Fiesole BANK

Noch einmal führt der ruhige Waldweg vor dem Ziel bergauf. Höchster Punkt dieser Etappe ist der Poggio Il Pratone, dahinter führen breite Schotterwege ins Tal. Auf dem letzten Stück bis Fiesole lässt sich Teertreten leider nicht vermeiden.

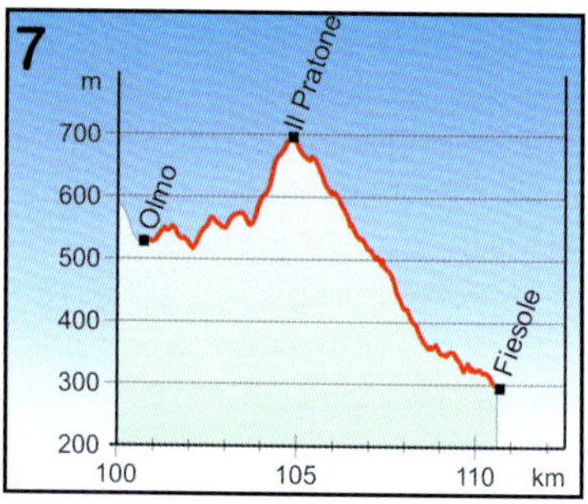

Auf der gegenüberliegenden Straßenseite nehmen Sie den Pfad neben der Leitplanke, er führt geradeaus und bergauf über eine Weide (Markierung AR, gelbe Punkte). Am Ende der Wiese muss eine weitere Straße gequert werden. Hier biegen Sie links in die Via Masseto ein. Sie passieren einen Gedenkstein, an dem Sie noch einmal einen guten Blick zurück zum Monte Senario haben. Der Weg schwenkt hinter einer Villa nach rechts und führt zwischen einigen Grundstücken hindurch (Markierung CAI 2, Bo-Fi), an einem Zaun entlang und eine Hauseinfahrt hinab.

An der folgenden T-Kreuzung biegen Sie links in die Via dei Bosconi ab (Markierung AR). Sie befinden sich nun am Passo della Catena (Pass der Ketten), es geht nun also wieder bergauf. Hinter der Bushaltestelle laufen Sie rechts den Berg hinauf (Markierung CAI 2), dann bergab und wieder bergauf. Der Weg führt geradeaus durch duftenden Nadelwald. Bei einer Einmündung von links wandern Sie weiter geradeaus (AR) steil bergauf, an der

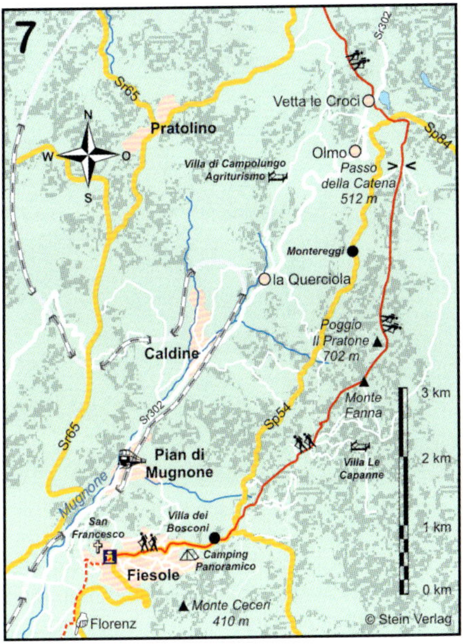

Gabelung den steilen und felsigen Weg bergauf. Auf einem Kammweg haben Sie eine schöne Aussicht nach links und rechts.

Die letzten Meter zum Gipfel bleiben dem Wanderer erspart, der Götterweg führt links am **Poggio Il Pratone** (702 m) vorbei. Sie passieren einen Antennenmast und erreichen das Denkmal für den in Florenz geborenen Schriftsteller und Dramatiker Bruno Cicognani (1879-1971). Dieses Plateau eignet sich prächtig für eine letzte Rast vor dem Ziel. Hier oben ist die Markierung sehr dürftig, laufen Sie bitte auf den Telekomsender zu. Bei Nebel ist das Kurs Süd. Lassen Sie den Sender links liegen und laufen Sie die Zufahrt zum Sender, einen Schotterweg, bergab. Der Hügel, auf dem Sie sich jetzt befinden, heißt Monte Fanna. Unter einer Stromleitung hindurch führt der Weg bis zu einer Schranke, dann rechts auf eine asphaltierte Straße.

Villa Le Capanne, Via Paternese 2, 50014 Fiesole, ☏ + FAX 055/590 63, 340/359 39 86, Skype: ninashuvalova171, www.villalecapanne.com, info@villalecapanne.com, ➲ 400 m, 2 Apartments mit 8 Betten, ÜF EZ/DZ € 62, Zustellbett € 20, Apartment € 78. Dieses Gebäude stammt aus dem 13. Jahrhundert und liegt malerisch im Hang des Monte Fanna, gefrühstückt wird auf der Panoramaterrasse. Die Inhaber bauen noch selbst Oliven an, sie sprechen Englisch, Russisch und Deutsch. Wi-Fi, ✕ ⛺

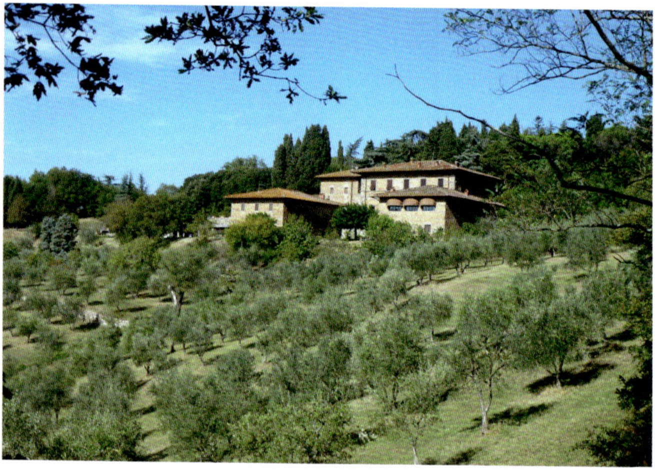

Durch die Olivenhaine nach Fiesole

Sie bleiben auf der Straße, ignorieren den Weg Nummer 2 nach links und genießen das Wandern durch den Olivenhain. Die Straße mündet an der Villa Baccano in die SP54, die auch Via dei Bosconi heißt. Dieser Straße folgen Sie am Straßenrand, ab hier sind es noch 2 km bis Fiesole. Sie passieren eine weitere Bushaltestelle (Linien 45, 47) und gehen noch ein letztes Mal bergauf.

Sie passieren die Villa dei Bosconi, unterqueren eine Stromleitung, laufen an der Zufahrt zum Campingplatz noch geradeaus weiter und erreichen das eigentliche Ortseingangsschild von Fiesole. Schon bald ist die Piazza Mino da Fiesole und damit das Ziel des Götterweges erreicht.

Fiesole

Koordinate N 43° 48.397' E 11° 17.543' (Piazza Mino da Fiesole)

Ufficio Informazioni Turistiche, Via Portigiani 3, 50014 Fiesole, 055/596 13 11 und 596 12 56, FAX 055/596 13 12, www.comune.fiesole.fi.it und www.fiesoleforyou.it, info.turismo@comune.fiesole.fi.it, Nov bis Feb tägl. außer Di 10:00 bis 13:30, März und Okt tägl. 10:00 bis 17:30, Apr bis Sep tägl. 10:00 bis 18:30

Ortstaxe € 2 pro Person pro Nacht, wird üblicherweise von den Rezeptionisten bei der Reservierung nicht erwähnt

Hotel Villa Sorriso, Via Gramsci 21, 50014 Fiesole, ☎ 055/590 27, FAX 055/597 80 75, www.albergovillasorriso.net, info@albergovillasorriso.com, ➲ am Weg (Ortsmitte), ÜF EZ (eigenes Bad auf dem Flur) ab € 36, DZ ab € 63, Sonnenterrasse, @

♦ **Hotel Villa dei Bosconi Fiesole**, Via F. Ferrucci 51, 50014 Fiesole, ☎ 055/595 78, FAX 055/597 84 48, www.villadeibosconi.it, villadeibosconi@fiesolehotels.com, ➲ am Weg (noch vor dem Ortseingang), 40 Betten, EZ ab € 79, DZ ab € 89, DBZ ab € 119 und VBZ ab 129, großer Garten, nur kleine und mittelgroße Hunde, nur auf Anfrage, @

♦ **Hotel Villa Bonelli**, Via F. Poeti 3, 50014 Fiesole, ☎ 055/595 13, FAX 055/59 89 42, www.hotelvillabonelli.com, info@hotelvillabonelli.com, ➲ 60 m (Ortsmitte), 38 Betten, ÜF EZ € 60-70, DZ € 75-90,

Camping Panoramico, Via Peramonda 1, 50014 Fiesole, ☎ 055/59 90 69, FAX 055/591 86, panoramico@florencevillage.com, ➲ 400 m (Ortseingang), Ü Nebensaison € 10, Hauptsaison (29.06.-30.08.) € 11,50, Stellplatz € 13 bzw. 15, Bungalow 2 Pers. € 60/75, 3 Pers. € 80/95, 4 Pers. €100/115, Mobil home 2 Pers. € 40/50, 3 Pers. € 50/60, 4 Pers. € 60/70, exzellenter Ausblick hinab nach Florenz, kostenloser Shuttlebus zur Ortsmitte von Fiesole, (€ 1),

Monte Ceceri ist der bewaldete Berg im Südwesten der Stadt, also hinter dem Campingplatz. Er ist für seinen Petra Serena, einen speziellen graublauen

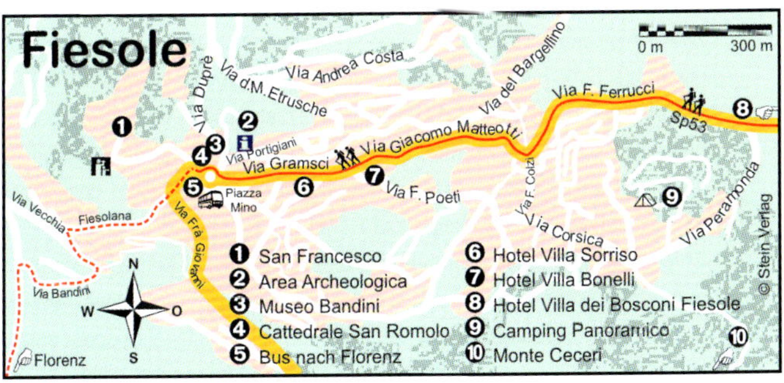

Sandstein bekannt. Geschichtlich Interessierte werden ihn aber eher als den Berg kennen, den Leonardo da Vinci als Startgelände für seine selbst konstruierten Flugmaschinen nutzte. Der Spaziergang von der Ortsmitte rund um den Berg ist etwa 2,6 km lang.

⌘ **Area Archeologica**, Via Portigiani 1, ☏ 055/596 12 93, Apr bis Sep tägl. 10:00 bis 19:00, März und Okt tägl. 10:00 bis 18:00, Nov bis Feb tägl. außer Di und 25.12.10:00 bis 14:00. Ein Sammelticket für Area Archeologica und Museo Bandini ist preiswerter als zwei einzelne Karten. Im 35.000 m² großen Archäologiepark an der Nordseite der Stadt finden Sie ein römisches Amphitheater aus dem ersten Jahrhundert n.Chr., einen etruskisch-römischen Tempel, ein römisches Badehaus und ein archäologisches Museum. Darin sind Fundstücke aus der Frühgeschichte, aus der Zeit der Etrusker und Römer sowie aus dem Mittelalter zu sehen. Auf dem Gelände befindet sich auch das städtische archäologische Museum mit Ausstellungsstücken aus der Zeit der Etrusker, der Römer und der Langobarden.

♦ **Museo Bandini**, tägl. außer Fr und 25.12., Apr bis Sep 10:00 bis 19:00, März und Okt 10:00 bis 18:00, Nov bis Feb 10:00 bis 14:00. Eine kleine, aber feine Sammlung florentinischer und toskanischer Malerei aus dem 13. bis 15. Jahrhundert. Sie verdankt ihren Namen und ihre Existenz dem florentinischen Domherren Angelo Maria Bandini, der im 18. Jahrhundert lebte und toskanische Gemälde aus dem 13. und 14. Jahrhundert sammelte.

♦ **Palazzo Pretorio**, Piazza Mino. Das Rathaus von Fiesole stammt aus dem 14. Jahrhundert und ist wegen seiner vielen Wappen auf der Fassade ein beliebtes Fotomotiv.

✞ **Cattedrale di S. Romolo**, Piazza Mino. Die romanische Kathedrale beherbergt zwar einige wertvolle Kunstschätze, beeindruckt aber die meisten Besucher durch ihre Schlichtheit und die Strenge der Formen. Der ursprüngliche Bau stammt aus dem Jahr 1028 und wurde im 13. Jahrhundert um ein Seitenschiff und einen Glockenturm erweitert. Die Fassade aus dem 11. Jahrhundert ist noch gut erhalten, sie ist eines der Frühwerke von Mino da Fiesole, dem späteren Namensgeber des Zentralplatzes in Fiesole.

♦ **Chiesa e Convento di S. Francesco**. Die Kirche und der Konvent hoch oben auf dem Aussichtshügel wurden auf den Resten einer etruskischen Festung errichtet. Das Franziskanerkloster wurde 1399 auf einer alten Einsiedelei errichtet. Im Konvent steht ein kleines Missions-Museum für Besucher offen.

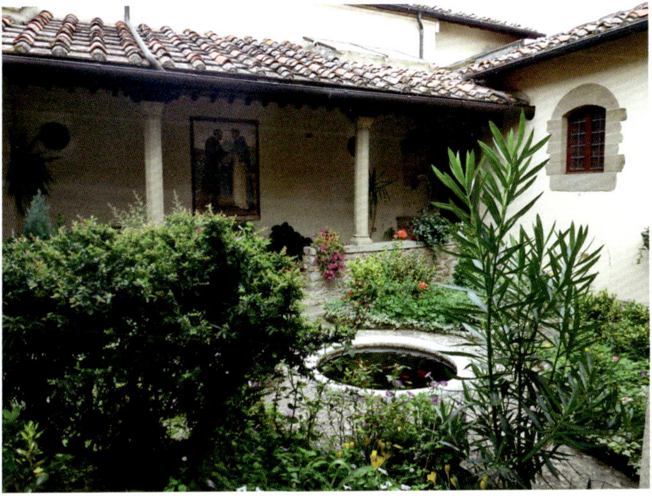

San Francesco

Etwa auf halbem Weg zum Konvent befindet sich ein Aussichtspunkt, von dem Sie ganz Florenz sehen können. Viele Florenzreisende kommen extra für diesen Blick mit dem Bus nach Fiesole gefahren

Linie 7 bis zur Piazza San Marco in der Florenzer Altstadt (von dort 15 Min. Fußweg am Dom vorbei zum Hauptbahnhof (Alamanni Stazione) oder mit der Linie 1 weiter)

Fiesole wurde im 4. Jahrhundert von den Etruskern gegründet, die Römer bauten hier u.a. die Therme und das Theater. 1125 wurde es von den Florentinern erobert. Das Garibaldi-Denkmal erinnert an die Einigung Italiens. Die Stadtmauern von Fiesole aus dem 4. Jahrhundert erstrecken sich über 2,5 km Länge über die beiden höchsten Anhöhen. Fiesole liegt auf einem sichelförmigen Hügel hoch über dem Arno-Tal. Zwischen Zypressen und Olivenhainen können Sie am Ende der Wanderung auf einem bezaubernden Panoramaweg flanieren. Hier oben ist die Luft klar und der Ausblick hinab zur weltberühmten Stadt Florenz so faszinierend, dass unzählige Florenztouristen deshalb einen Ausflug nach Fiesole unternehmen. Schon die alten

Etrusker und Römer wussten das gesunde Klima zu schätzen, davon zeugen die vielen historischen Bauwerke. Entsprechend sollten Sie zumindest einen halben Tag für den Zielpunkt des Götterweges einplanen - er wird zu einem göttlichen Genuss, seien Sie gewiss!

Wer unbedingt zu Fuß hinab nach Florenz laufen will, folgt an der Piazza Mino der Via Vecchia Fiesolana, der alten Straße von Fiesole nach Florenz. Sie mündet in die Via Bandini, diese wiederum in die Via della Piazuola, der Sie hinab nach **Le Cure** folgen. Die viel befahrene Straße ändert noch mehrere Male ihren Namen, wenn Sie sich aber immer möglichst geradeaus halten, erreichen Sie etwa 5 km nach dem Start in Fiesole und viel Teertreten die Altstadt von Florenz.

Exkurs: Florentiner

So werden nicht nur die Einwohner von Florenz genannt, sondern auch ein köstliches Gebäck, das in dieser Stadt erfunden wurde. Mandeln, Nüsse, Zucker, Butter, Milch/Sahne - und je nach Bäcker Orangeat, Zitronat und Honig - werden zu einem flachen runden Plätzchen geformt. Die Unterseite wird mit Kuvertüre überzogen. Köstlich!

Florenz

- **Firenze Turismo**, Via Cavour 1rosso, 50129 Firenze, ☎ 055/29 08-32 und -33, FAX 055/276 03 83, www.firenzeturismo.it, infoturismo@provincia.fi.it, Mo bis Sa 8:30 bis 18:30
- **Örtliche Touristeninformation**, Piazza Stazione 4, 50123 Firenze, ☎ 055/21 22 45, FAX 055/238 12 26, www.comune.fi.it, turismo3@comune.fi.it, Mo bis Fr 8:30 bis 19:00, So/Fei 8:30 bis 14:00
- **Infoaeroporto**, Aeroporto Amerigo Vespucci, Via del Termine 1, ☎ + FAX 055/31 58 74, infoaeroporto@provincia.fi.it, tägl. 8:30 bis 20:30
- Unterkünfte vermittelt die Touristeninformation. Weitere Jugendherbergen, Hostels und Einfachunterkünfte (neben den unten genannten) finden Sie auch unter www.german.hostelworld.com.
- **Ortstaxe** € 2 pro Person pro Nacht, wird üblicherweise von den Rezeptionisten bei der Reservierung nicht erwähnt.

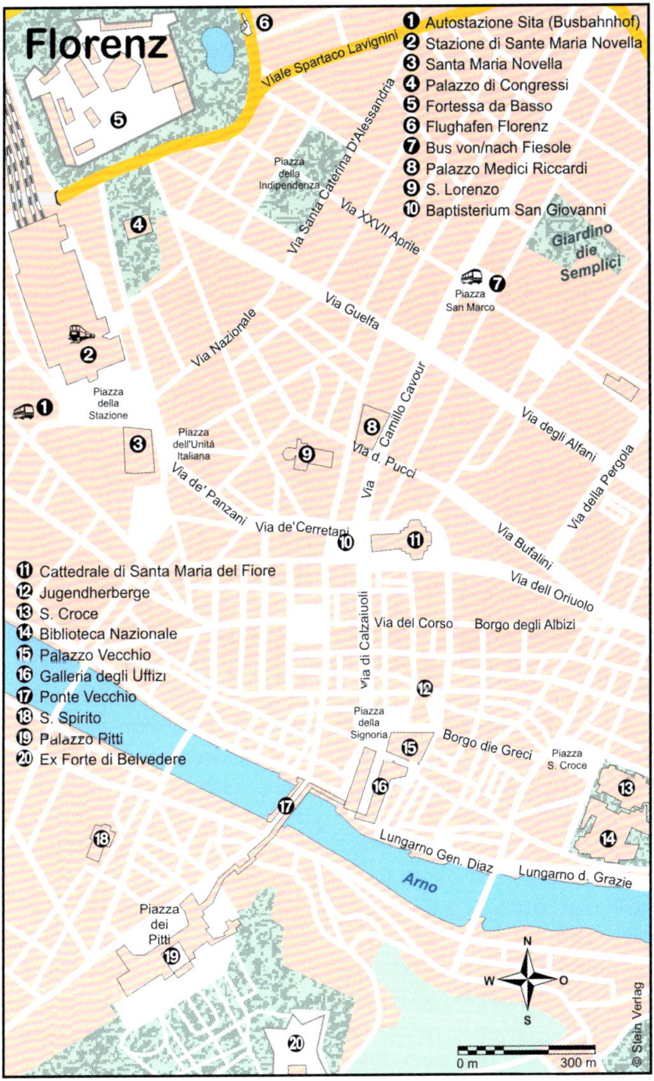
Florenz
❶ Autostazione Sita (Busbahnhof)
❷ Stazione di Sante Maria Novella
❸ Santa Maria Novella
❹ Palazzo di Congressi
❺ Fortessa da Basso
❻ Flughafen Florenz
❼ Bus von/nach Fiesole
❽ Palazzo Medici Riccardi
❾ S. Lorenzo
❿ Baptisterium San Giovanni
⓫ Cattedrale di Santa Maria del Fiore
⓬ Jugendherberge
⓭ S. Croce
⓮ Biblioteca Nazionale
⓯ Palazzo Vecchio
⓰ Galleria degli Uffizi
⓱ Ponte Vecchio
⓲ S. Spirito
⓳ Palazzo Pitti
⓴ Ex Forte di Belvedere
Viale Spartaco Lavignini
Via Santa Caterina D'Alessandria
Piazza della Indipendenza
Via XXVII Aprile
Giardino die Semplici
Piazza San Marco
Via Guelfa
Via Nazionale
Piazza della Stazione
Via Camillo Cavour
Via degli Alfani
Via della Pergola
Piazza dell'Unitá Italiana
Via d. Pucci
Via de' Panzani
Via de'Cerretani
Via Bufalini
Via dell Oriuolo
Via di Calzaiuoli
Via del Corso
Borgo degli Albizi
Piazza della Signoria
Borgo die Greci
Piazza S. Croce
Lungarno Gen. Diaz
Lungarno d. Grazie
Arno
Piazza dei Pitti
N
W
O
S
0 m
300 m
© Stein Verlag

Florence Youth Hostel, Via della Condotta 4, 50122 Firenze, ☏ 055/21 44 84, 329/398 02 18, www.florence-youth-hostel.com, florenceyouthhostel@gmail.com, Ü EZ ab € 28, DZ ab € 45, Bett im MBZ ab € 18. Das Personal spricht Englisch, Spanisch und Polnisch. @

♦ **Hostel 7 Santi**, Viale Dei Mille 11, 50131 Firenze, ☏ 055/504 84 52, www.7santi.com, info@7santi.com, Ü EZ ab € 37,90, DZ ab € 37,90, DBZ ab € 47,90, Bett im MBZ ab € 12,90, F € 4, @

⌘ **Firenze Card**, www.firenzecard.it. Die Dreitageskarte für € 50 bietet kostenlosen oder ermäßigten Eintritt bei mehr als 50 Museen und Freifahrten mit dem Bus. Lohnend für Kulturinteressierte, die viel vorhaben, denn sie können Geld sparen (allein der Eintritt in die Uffizien kostet € 15,25!) und müssen sich nicht überall am Ticketschalter in die lange Warteschlange einreihen.

✞ **Duomo Santa Maria del Fiore** (Seite 142), Jun bis Sep Mo bis Fr 10:00 bis 17:00, Mai und Okt bis 16:00, Nov bis Apr bis 16:30, Sa bis 16:45, So/Fei erst ab 13:30, Kuppel Mo bis Fr 8:30 bis 19:00, Sa 8:30 bis 17:40. Die gotische Kathedrale wurde ab 1296 erbaut und 1436 vom Papst geweiht. Sie ist nach dem Petersdom in Rom und dem Mailänder Dom die drittgrößte Kirche Italiens. Die mächtige Kuppel ist das Wahrzeichen der Stadt und kann bestiegen werden. Die Fassade mit dem roten, grünen und weißen Marmor stammt aus dem 19. Jh.

♦ **Battisterio di San Giovanni**, 11:15 bis 19:00, jeden So und 1. Sa im Monat 8:30 bis 14:00. Diese achteckige Taufkapelle wurde im 11. bis 13. Jahrhundert gebaut und Johannes dem Täufer gewidmet, der auch Schutzheiliger der Stadt ist. Besonders die drei Bronzetüren werden von Besuchern aus aller Welt bewundert. Als Paradiespforte wird die Tür bezeichnet, die sich gegenüber vom Domportal befindet, denn Michelangelo gefiel sie so gut, dass er sie des Paradieses für würdig hielt.

☺ Einen Überblick über die Besonderheiten der Stadt verschaffen Sie sich am besten während einer **Stadtrundfahrt im Cabriobus**.

Der Bahnhof Santa Maria Novella liegt genau am Rand der Altstadt.

Der Busbahnhof für die Fernbusse von SITA liegt sehr versteckt in einem Innenhof zwischen Via della Scala, Via degli Orti oricellari, Hauptbahnhof/Via Alimanni und Via da Siena. Wenn Sie den Hauptbahnhof durch den Haupteingang verlassen, müssen Sie rechts um das Bahnhofsgebäude zur Piazza della Stazione gehen (hier halten der Flughafenshuttle und Stadtbusse), die Straßenbahngleise überqueren und am Ende des Platzes noch kurz geradeaus in die Via da Siena gehen. Dann sehen Sie rechts das große Tor zum Busbahnhof.

☏ 055/43 90, 055/44 99, 055/47 98, 055/42 42

Touristenrummel in Florenz

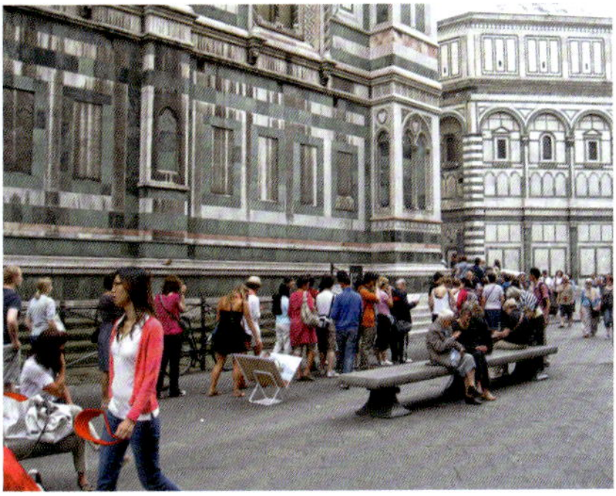

Meine Infos beschreiben nur den Dom und das Baptisterium, weil daran nun wirklich auch der größte Kunstbanause nicht vorbeigeht. Zu all den Sehenswürdigkeiten von **Florenz** etwas schreiben zu wollen, maße ich mir nicht an. Ich würde in jedem Fall Ihren Unwillen auf mich ziehen, denn (1) würde meine Auswahl vielleicht nicht Ihrem Geschmack entsprechen, (2) hätte ich genau das für Sie wichtigste Ziel weggelassen oder unzulänglich beschrieben. Oder aber (3), Sie wollen gar nicht hinab in das Touristengewimmel und ärgern sich, dass Sie zu viele mit Florenz-Informationen bedruckte Seiten über den Götterweg geschleppt haben. Also: nichts für ungut!

Wer auch in Florenz noch nicht genug vom Laufen hat, kann auf den alten Wegen der Römer (Vie Romee, www.vieromee.it) weiter Richtung Rom laufen - denn bekanntlich führen ja viele Wege nach Rom. So führt z.B. die Via Vecchia Aretina von Florenz über Arezzo nach Rom. Echte Rompilger entscheiden sich aber eher für die Via Sanese, die 90 km lange Verbindungsstrecke von Florenz nach Siena. Dort haben sie Anschluss an die Via Francigena, die klassische - und meist gut markierte - Pilgerstrecke nach Rom.

Via Francigena von Lausanne nach Rom von Ingrid Retterath, Conrad Stein Verlag, Der Weg ist das Ziel, ISBN 978-3-86686-281-4, € 16,90

♦ **Italien: Franziskusweg von Florenz nach Rom** von Kees Roodenburg, Conrad Stein Verlag, Der Weg ist das Ziel, ISBN 978-3-86686-358-3, € 12,90

Kleiner Sprachführer

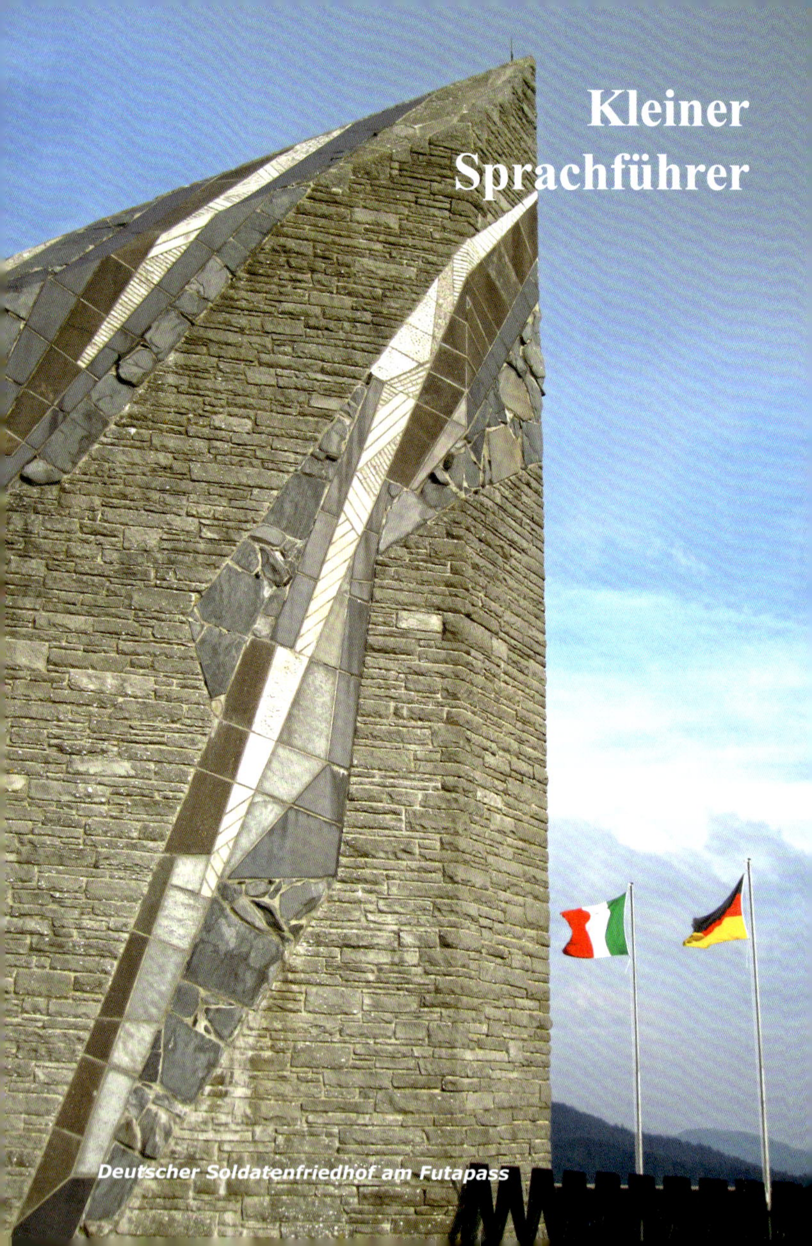

Deutscher Soldatenfriedhof am Futapass

Mit einem kleinen Grundvokabular, großem Selbstvertrauen und dem Mut, mit Händen und Füßen zu sprechen, kommen Sie auf dem Götterweg meist gut zurecht. Es kann kleinere Überraschungen bei Bestellungen in Gasthäusern ohne gedruckte Speisekarte geben, aber das macht eine Auslandsreise ja mitunter besonders liebenswert. Wenn man merkt, wie wenig Italienisch Sie verstehen, wird man versuchen, sich in einer anderen Sprache mit Ihnen zu verständigen oder - gerade bei Wegbeschreibungen - Gestik und Mimik einsetzen.

Daher habe ich auch auf eine Liste von Zahlen verzichtet. In der Praxis ist es für Anfänger einfach sicherer, sich den Preis oder andere Zahlen aufschreiben zu lassen.

Drei wichtige Ausspracheregeln erleichtern Ihnen die Verständigung:

(1) Die Betonung liegt meist auf der vorletzten Silbe.

(2) Ein c wird vor e und i wie ein tsch gesprochen (ciao = tschau, cappuccino = kapu-tschino), vor a, o und u aber wie ein k (casa = kasa), ch wird immer wie ein k gesprochen (chiesa = ki-esa, bruschetta = brus-ketta).

(3) Ein g wird vor e und i wie ein dsch gesprochen (giorno = dschorno), ein g vor a, o und u und gh werden genauso wie das deutsche g in „gehen" ausgesprochen.

Im Gespräch

Buon giorno!	Guten Morgen!/Guten Tag!
Buona sera!	Guten Abend! (schon nachmittags)
Ciao!	Hallo! Tschüss!
Salve!	Guten Tag! (unter Bekannten)
Arrivederci!	Auf Wiedersehen!
no/si	nein/ja
come dice?	wie bitte?
non capisco niente	ich verstehe nichts
Lei parla tedesco/inglese?	Sprechen Sie Deutsch/Englisch?
scusi	Entschuldigung

signora	Anrede für eine Frau
signore	Anrede für einen Mann
signorina	Anrede für eine junge Frau
signore	Damen (beim WC)
signori	Herren (beim WC)

Unterwegs

chiuso/aperto	geschlossen/geöffnet
feriale/festivi	werktags/feiertags
Scusi, dov'è	Entschuldigen Sie, wo ist
… un albergo?	...ein Hotel?
... la fermata dell' autobus?	...die Bushaltestelle?
… la stazione?	...der Bahnhof?
... un panificio?	...eine Bäckerei?
... un alimentari/supermercato?	...ein Lebensmittelladen/Supermarkt?
... un medico?	...ein Arzt?
... un dentista?	...ein Zahnarzt?
... una farmacia?	...eine Apotheke?
... un ospedale?	...ein Krankenhaus?
biglietto	Fahrschein
andata e ritorno?	hin und zurück?
a sinistra	links
a destra	rechts
diritto	geradeaus
Scusi, per andare a...?	Entschuldigung, wie komme ich nach...?
Quanti chilometri sono?	Wie viele Kilometer sind es bis dort?
casa	Haus
cascina	Gehöft
fiume	Fluss
guado	Furt
montagna	Berg
torrente	Bach
valle	Tal

Unterkunft und Restaurant

Vorrei prenotare una camera.	Ich möchte ein Zimmer reservieren.
Lei ha ancora una camera per una notta?	Haben Sie noch ein Zimmer für eine Nacht?
camera singola/doppia/tripia	Einzelzimmer/Doppelzimmer/Dreibettzimmer
Arriveremo domani verso sera.	Wir werden morgen gegen Abend ankommen.
Mi chiamo...	Ich heiße...
Quanto costa la camera?	Was kostet das Zimmer?
Si possono portare cane?	Sind Hunde erlaubt?
La lista/carta, per favore!	Die Speisekarte/Getränkekarte, bitte!
pagare, per favore!	zahlen, bitte!

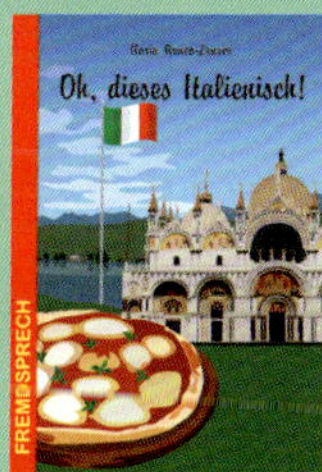

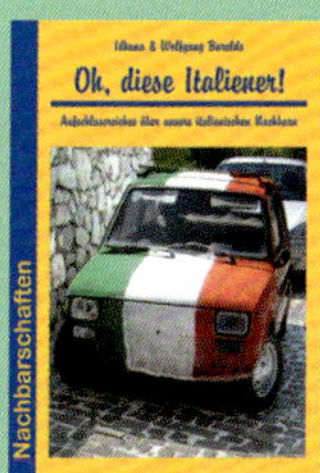

Unterwegs auf den Pilgerwegen mit OutdoorHandbüchern - Der Weg ist das Ziel aus dem Conrad Stein Verlag

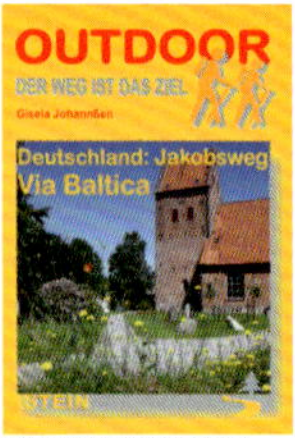

ISBN 978-3-86686-262-3
Band 262, € 12,90 [D]

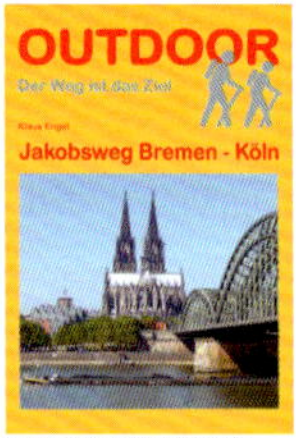

ISBN 978-3-86686-344-6
Band 301, € 16,90 [D]

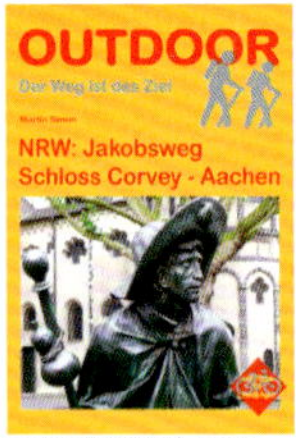

ISBN 978-3-86686-147-3
Band 147, € 16,90 [D]

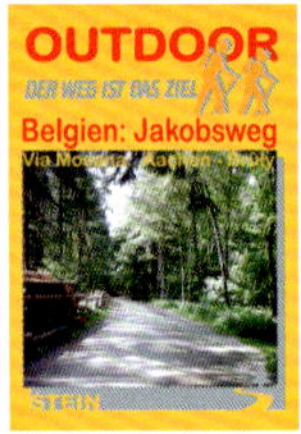

ISBN 978-3-89392-539-1
Band 139, € 9,90 [D]

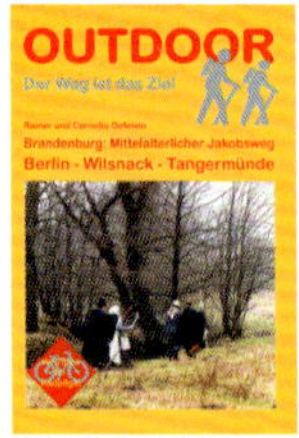

ISBN 978-3-86686-338-5
Band 189, € 9,90 [D]

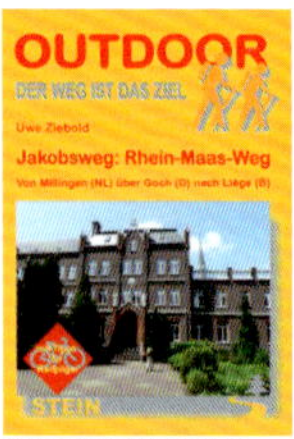

ISBN 978-3-86686-225-8
Band 225, € 12,90 [D]

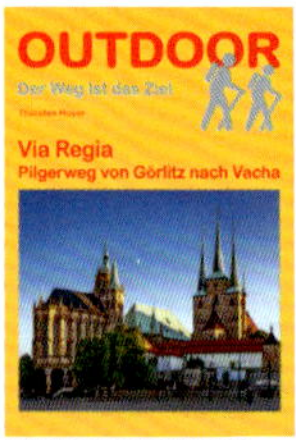

ISBN 978-3-86686-316-3
Band 288, € 12,90 [D]

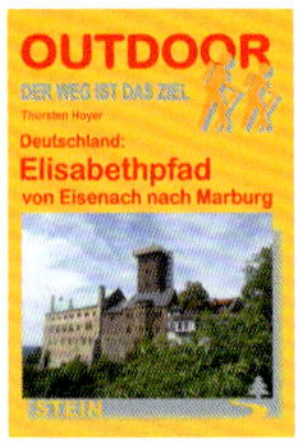

ISBN 978-3-86686-255-5
Band 255, € 9,90 [D]

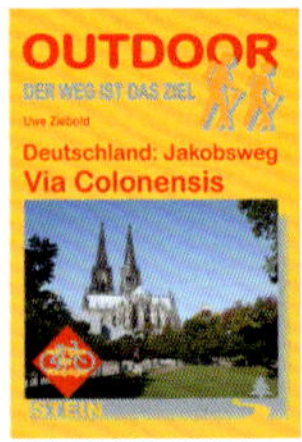

ISBN 978-3-86686-241-8
Band 241, € 12,90 [D]

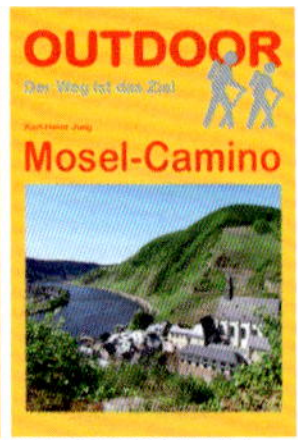

ISBN 978-3-86686-320-0
Band 291, € 9,90 [D]

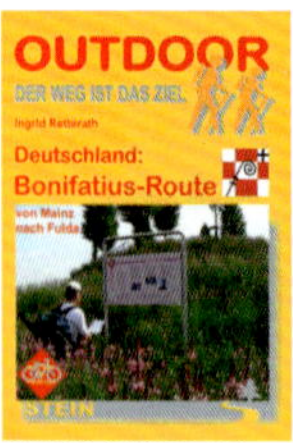

ISBN 978-3-86686-258-6
Band 258, € 12,90 [D]

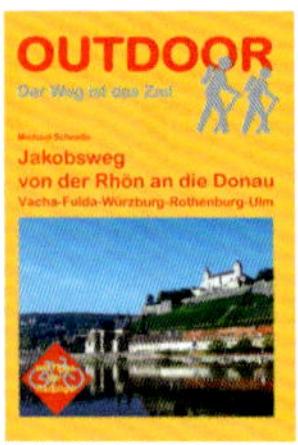

ISBN 978-3-86686-267-8
Band 235, € 12,90 [D]

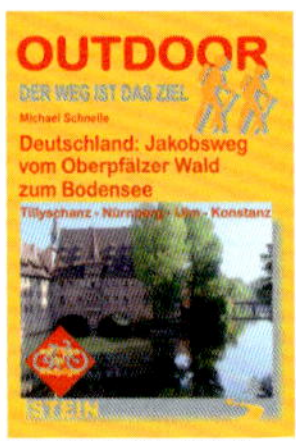

ISBN 978-3-86686-142-8
Band 142, € 14,90 [D]

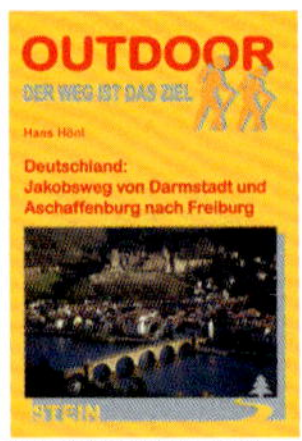

ISBN 978-3-86686-155-8
Band 155, € 12,90 [D]

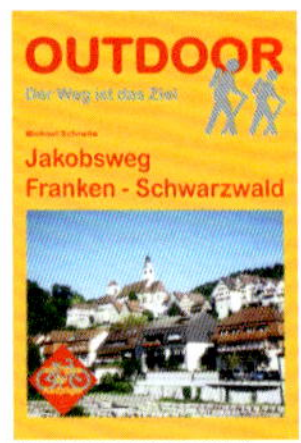

ISBN 978-3-86686-274-6
Band 238, € 14,90 [D]

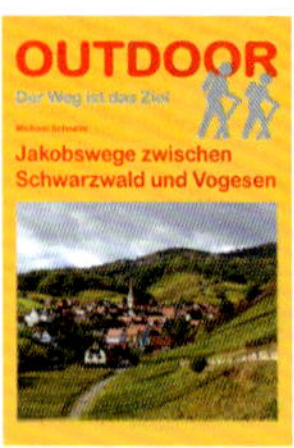

ISBN 978-3-86686-368-2
Band 314, € 14,90 [D]

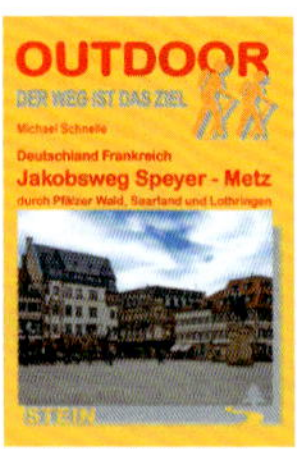

ISBN 978-3-86686-243-2
Band 243, € 14,90 [D]

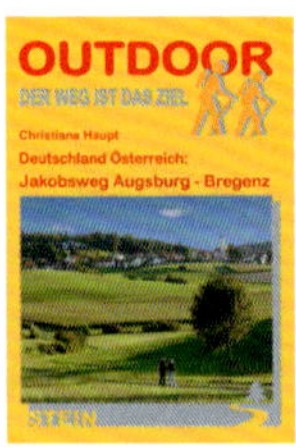

ISBN 978-3-86686-188-6
Band 188, € 12,90 [D]

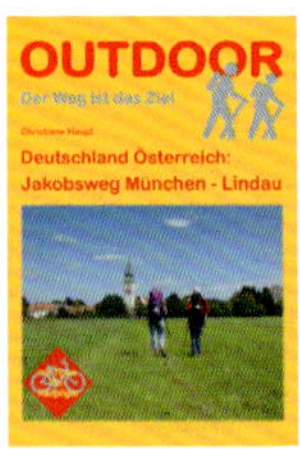

ISBN 978-3-86686-416-0
Band 187, € 14,90 [D]

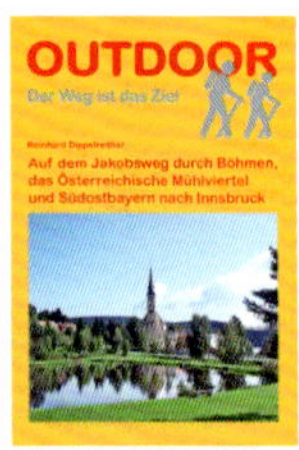

ISBN 978-3-86686-328-6
Band 294, € 14,90 [D]

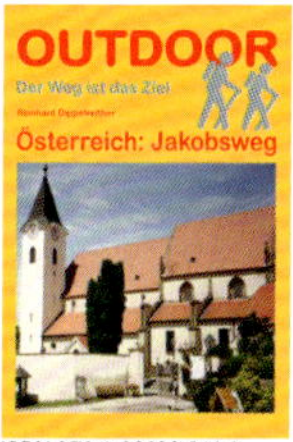

ISBN 978-3-86686-311-8
Band 157, € 16,90 [D]

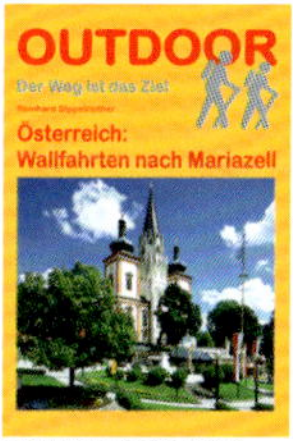

ISBN 978-3-86686-373-6
Band 224, € 14,90 [D]

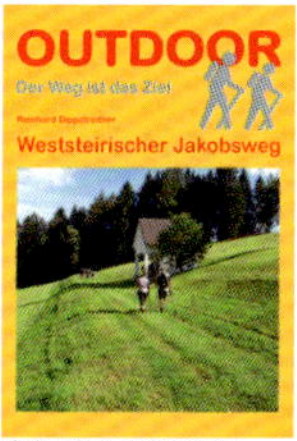

ISBN 978-3-86686-379-8
Band 316, € 12,90 [D]

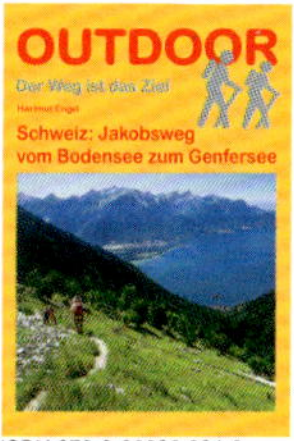

ISBN 978-3-86686-391-0
Band 117, € 14,90 [D]

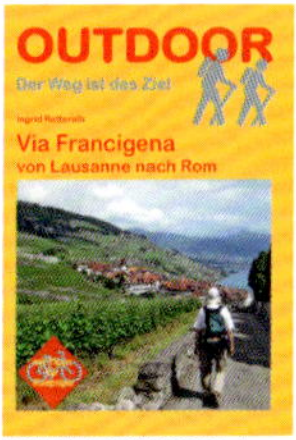

ISBN 978-3-86686-281-4
Band 201, € 16,90 [D]

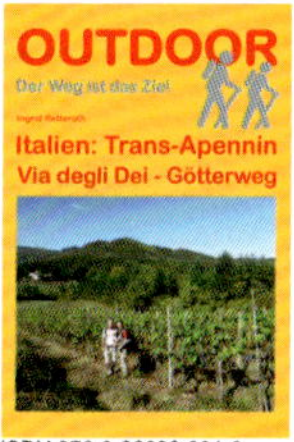

ISBN 978-3-86686-091-9
Band 91, € 12,90 [D]

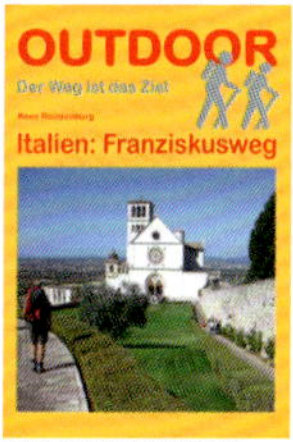

ISBN 978-3-86686-358-3
Band 186, € 12,90 [D]

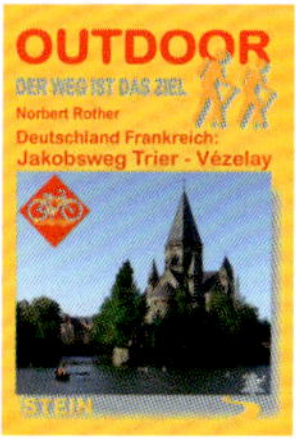

ISBN 978-3-86686-257-9
Band 194, € 14,90 [D]

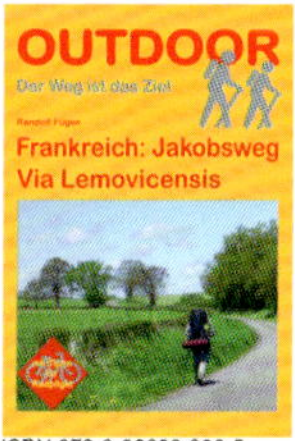

ISBN 978-3-86686-396-5
Band 166, € 14,90 [D]

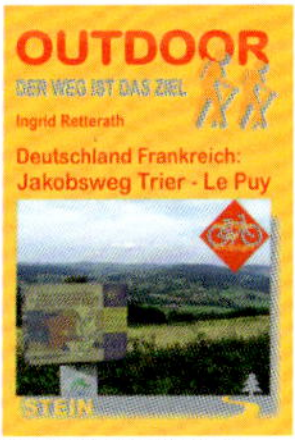

ISBN 978-3-86686-211-1
Band 211, € 16,90 [D]

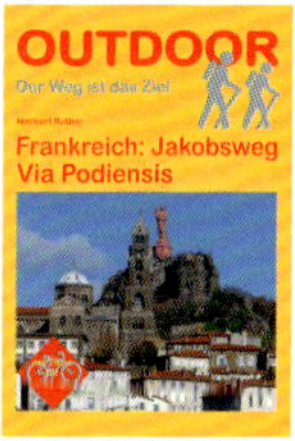

ISBN 978-3-86686-287-6
Band 128, € 14,90 [D]

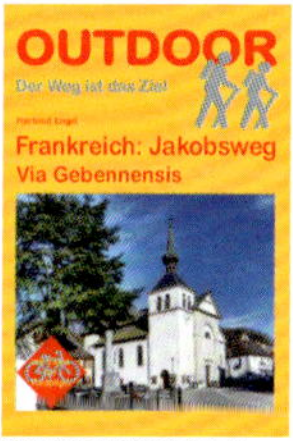

ISBN 978-3-86686-340-8
Band 281, € 14,90 [D]

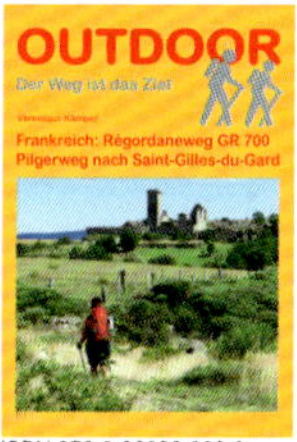

ISBN 978-3-86686-362-0
Band 311, € 14,90 [D]

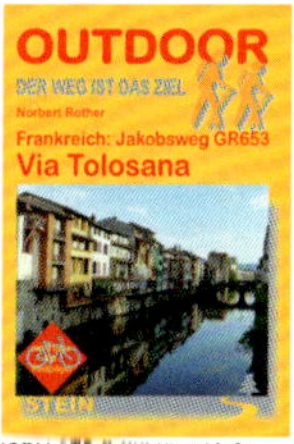

ISBN 978-3-86686-162-8
Band 162, € 14,90 [D]

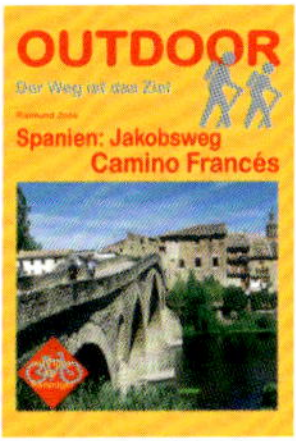

ISBN 978-3-86686-424-5
Band 23, € 14,90 [D]

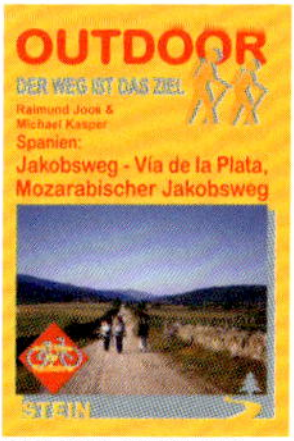

ISBN 978-3-86686-251-7
Band 116, € 14,90 [D]

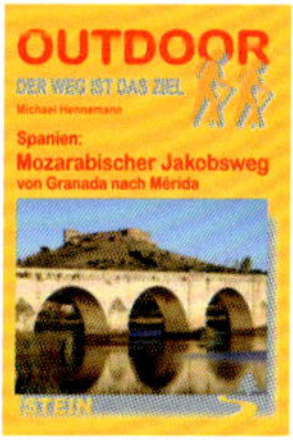

ISBN 978-3-86686-227-2
Band 227, € 9,90 [D]

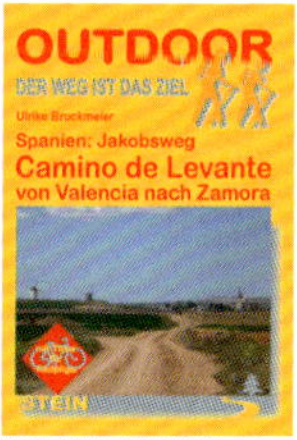

ISBN 978-3-86686-271-5
Band 271, € 14,90 [D]

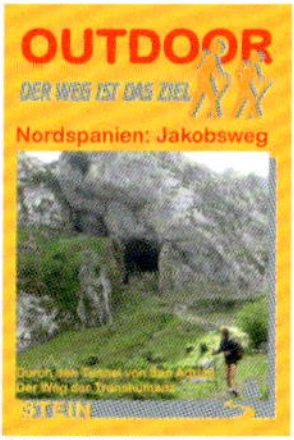

ISBN 978-3-89392-549-0
Band 149, € 9,90 [D]

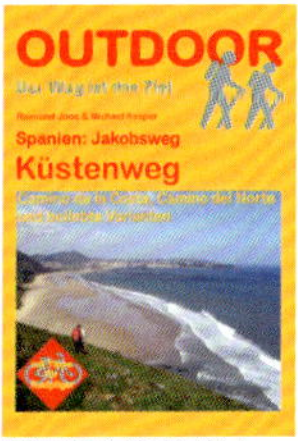

ISBN 978-3-86686-405-4
Band 71, € 16,90 [D]

Jeweils beschriebener Wegverlauf siehe Karte auf den folgenden Seiten!
Alle Bücher können in jeder Buchhandlung, in vielen Ausrüstungs- und Sportgeschäften oder unter 💻 www.conrad-stein-verlag.de bestellt werden.
Conrad Stein Verlag, Kiefernstr. 6, 59514 Welver, ☎ 023 84/96 39 12

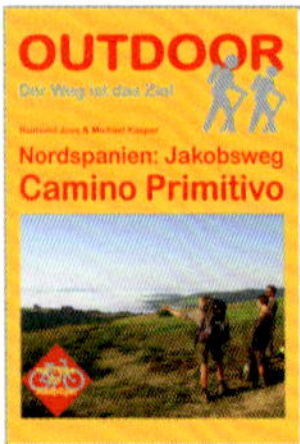

ISBN 978-3-86686-382-8
Band 141, € 14,90 [D]

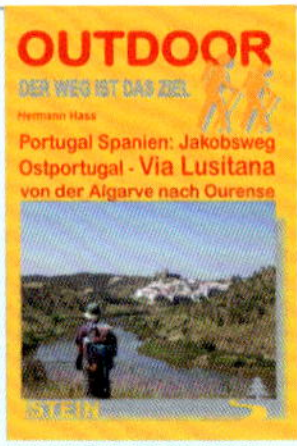

ISBN 978-3-86686-230-2
Band 230, € 16,90 [D]

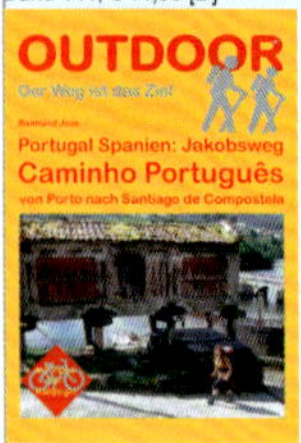

ISBN 978-3-86686-425-2
Band 185, € 14,90 [D]

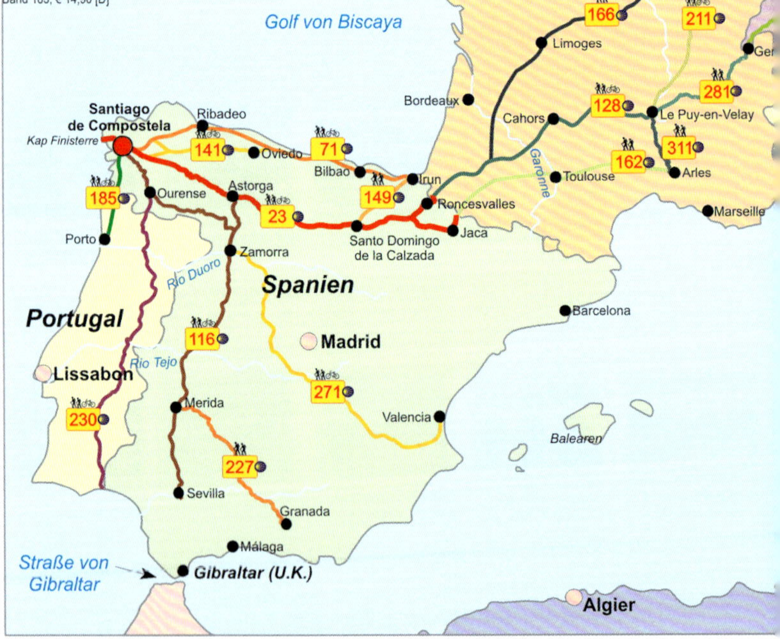

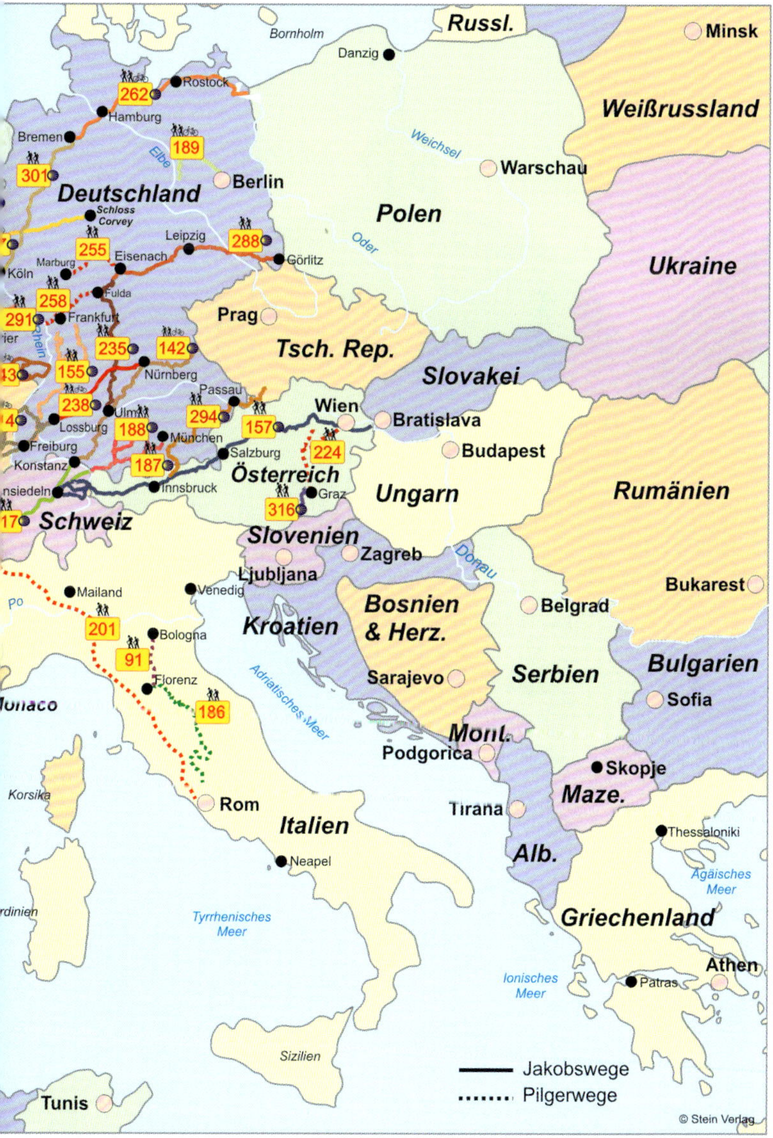
Russl.
Minsk
Bornholm
Danzig
Rostock
262
Hamburg
Bremen
189
Weißrussland
Weichsel
301
Elbe
Berlin
Warschau
Deutschland
Schloss Corvey
Polen
288
Leipzig
255
Eisenach
Oder
Görlitz
Ukraine
Marburg
Köln
258
Fulda
291
Frankfurt
Prag
Rhein
235
142
Tsch. Rep.
155
Nürnberg
Slovakei
Passau
238
294
Wien
Ulm
Lossburg
188
157
Bratislava
München
Freiburg
224
Budapest
Salzburg
187
Konstanz
Österreich
Innsbruck
Graz
Ungarn
Rumänien
316
Schweiz
Slovenien
Zagreb
Donau
Ljubljana
Mailand
Venedig
Bukarest
Po
201
Bosnien & Herz.
Belgrad
Kroatien
Bologna
91
Bulgarien
Sarajevo
Serbien
Florenz
Adriatisches Meer
186
Sofia
Mont.
Podgorica
Skopje
Korsika
Maze.
Rom
Tirana
Italien
Thessaloniki
Alb.
Neapel
Ägäisches Meer
Tyrrhenisches Meer
Griechenland
Athen
Ionisches Meer
Patras
Sizilien
Jakobswege
Pilgerwege
Tunis
© Stein Verlag

Index

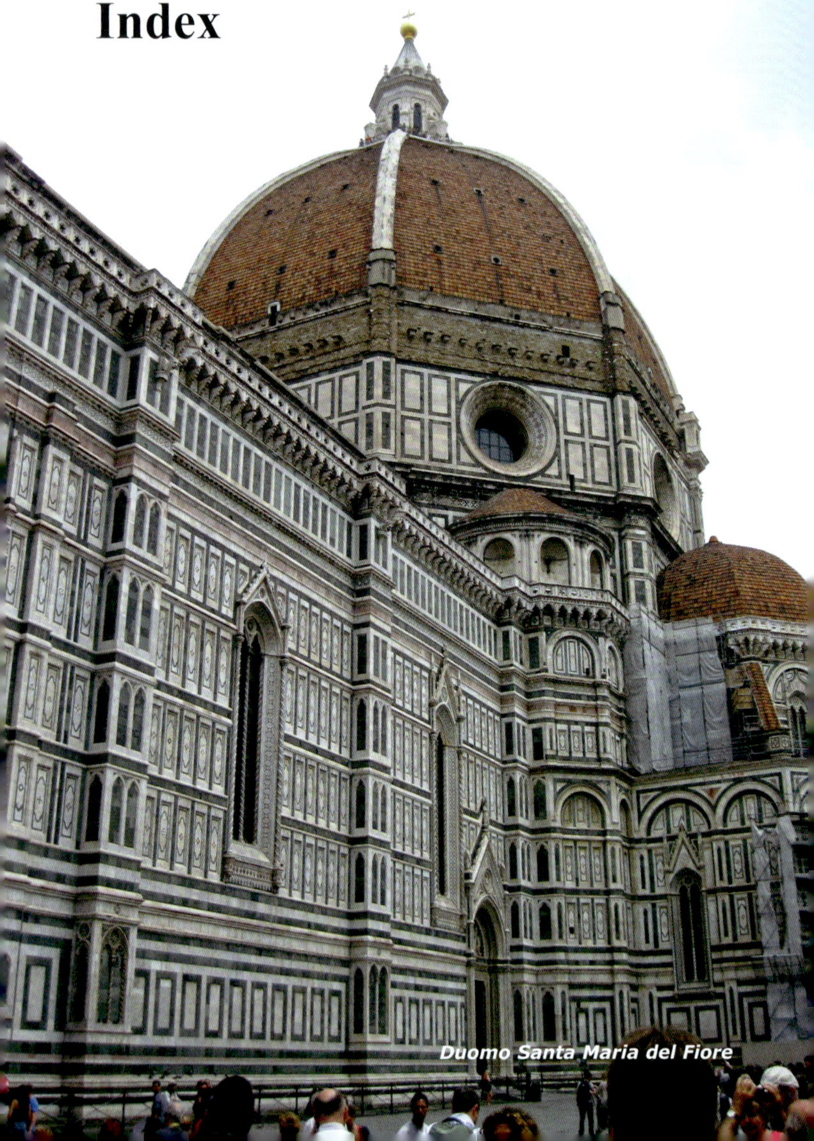

Duomo Santa Maria del Fiore

A/B

C

F

G

I/J

L

M

O